Martin Luther
Es leucht wohl mitten in der Nacht

topos taschenbücher, Band 1085
Eine Produktion des Matthias Grünewald Verlags

Martin Luther

Es leucht wohl mitten in der Nacht

Seine Predigten zu Advent und Weihnachten

Ausgewählt, übersetzt und eingeleitet
von Peter Manns

topos taschenbücher

Verlagsgemeinschaft topos plus
Butzon & Bercker, Kevelaer
Don Bosco, München
Echter, Würzburg
Matthias Grünewald Verlag, Ostfildern
Paulusverlag, Freiburg (Schweiz)
Verlag Friedrich Pustet, Regensburg
Tyrolia, Innsbruck

**Eine Initiative der
Verlagsgruppe engagement**

www.topos-taschenbuecher.de

Bibliografische Information der Deutschen Nationalbibliothek
Die Deutsche Nationalbibliothek verzeichnet diese Publikation in der
Deutschen Nationalbibliografie; detaillierte bibliografische Daten
sind im Internet über http://dnb.d-nb.de abrufbar.

ISBN 978-3-8367-1085-5
E-Book (PDF): 978-3-8367-5070-7
E-Pub: 978-3-8367-6070-6

2016 Verlagsgemeinschaft topos plus, Kevelaer
Das © und die inhaltliche Verantwortung liegen beim
Matthias Grünewald Verlag, Ostfildern
Umschlagabbildung: © cosma/Shutterstock.com
Einband- und Reihengestaltung: Finken & Bumiller, Stuttgart
Herstellung: Friedrich Pustet, Regensburg
Printed in Germany

Inhalt

Anhang

Einleitung

Hinweis des Verlags: Die Einführung des Kirchenhistorikers Peter Manns (1923–1991), dessen zahlreiche Veröffentlichungen zu Luther zur interkonfessionellen Verständigung über die Bedeutung des Reformators beitrugen, stammt aus dem Jahre 1983. Aus Anlass des 500. Geburtstags Martin Luthers hat Manns aus einem großen Predigtschatz die beiden Taschenbuchausgaben: Predigten Martin Luthers durch das Kirchenjahr. Band I. Fastenzeit, Ostern und Pfingsten sowie Band II. Advent und Weihnachten zusammengestellt und mit einer ausführlichen Einleitung versehen.

Für die beiden Neuausgaben (2016 und 2017) wurde der Text des Herausgebers weitgehend unverändert übernommen und nur an wenigen Stellen bearbeitet bzw. leicht gekürzt.

Der vorliegende erste Band enthält nun, entsprechend dem Kirchenjahr, die Predigten Luthers zu Advent und Weihnachten. Deshalb hat sich der Verlag entschlossen, den Leserinnen und Lesern im Sinne des Herausgebers auch hier wesentliche Teile der Einführung mit Gedanken zu Luthers Theologie und zu seinen Predigten voranzustellen, die bisher ausschließlich im Band zum Osterfestkreis enthalten waren. Dies betrifft vor allem die Kapitel: „Gegen die Schultheologie seiner Zeit", „Theologe und Prediger" und „Aus dem Reichtum der gesprochenen Sprache". Im Anschluss folgen dann die Gedanken des Herausgebers zu den ausgewählten Predigten Luthers aus der Advents- und Weihnachtszeit.

Es entspricht durchaus der Eigenart von Luthers Theologie, dass ich hier nicht auf Texte aus seinen großen Vorlesungen, Disputationen und Traktaten zurückgreife, sondern dass ich den Prediger Luther mit einer Auswahl von Predigten zu den verschiedenen Festkreisen des Kirchenjahres zu Wort kommen lasse. Denn Luthers Einsatz als „geschworener Doktor der Theologie" war nicht auf ein akademisches Vorhaben, nicht auf Katheder und Hörsaal fixiert, sondern er zielte unmittelbar da-

rauf ab, die „pura doctrina" im Sinne der „viua vox Euangelii"
zu Gehör zu bringen.

Es bedürfte einer eingehenden wissenschaftlichen Erörte-
rung, um den damit angesprochenen Fragenkomplex erschöp-
fend zu behandeln. Hier muss ich mich darauf beschränken,
die wichtigsten Hinweise wenigstens anzudeuten.

Gegen die Schultheologie seiner Zeit

Luthers entschiedener Einsatz für die Verkündigung und die
Predigt wendet sich in erster Linie gegen die Schultheologie
seiner Zeit, die in ihrer Vorliebe für abartige Subtilitäten und
im permanenten Streit der verschiedenen Schulen untereinander den Sinn und die Befähigung zur Predigt so gut wie ganz
eingebüßt hatte. In jenen Schulen, in denen die Spezialisten mit
der Schrift umgingen „wie die Saw mit dem Habersack", und in
denen man mit Gott umging „wie der Schuster mit seinem Le-
der", hatte Luther Christus verloren. Durch das „Wort" aber
hatte er ihn wiedergefunden und wiederentdeckt für eine
Theologie, die fortan als „dienende Theologie" die Predigt als
ihre eigentliche und krönende Aufgabe betrachtete. Von daher
ist es kein Wunder, dass Luther durch seine Predigten eine weit
größere Wirksamkeit erlangte als durch seine theologischen
Schriften. So wichtig die großen Vorlesungen und Streitschrif-
ten für Luther und die fortschreitende Klärung seiner Position
auch waren, in ihrer Wirkung auf die Öffentlichkeit gehen sie
– ausgenommen die Ablass-Thesen – kaum über den Hörsaal
und das unmittelbar betroffene akademische Milieu hinaus.
Ein gutes Beispiel dafür liefert uns Luthers hochbedeutsame

Vorlesung über den Römerbrief. Sie ist schon im 16. Jahrhundert so gut wie ganz aus dem Bewusstsein der Zeitgenossen gelöscht, bevor sie dann für Jahrhunderte in die Archive verschwindet. Erst im 19. Jahrhundert entdeckt man sie wieder in der Vitrine eines deutschen Museums, nachdem ein katholischer Luther-Gegner in der Vatikan-Bibliothek eine Kopie ausgegraben hatte. Den Predigten Luthers kommt aber auch im Blick auf unsere moderne Situation eine merkwürdig zwiespältige Bedeutung zu. Denn mag auch die Herrschaft der Scholastik im Bereich der Theologie grundlegend und vermutlich für immer gebrochen sein, so hat sich doch über alle konfessionellen Grenzen hinweg ein neuer Typ von Schultheologie entwickelt, deren Verhältnis zur Predigt nicht weniger gestört ist als das der Scholastik des 16. Jahrhunderts. Ähnlich wie damals empfindet man es auch heute als unwissenschaftlich, wenn Professoren predigen, wo sie lehren sollten. Ähnlich wie damals lernen die jungen Theologen bis in unsere Zeit hinein das Predigen eher nebenher. Denn die Theologie, die sie lernen, drängt selbst da nicht zur Predigt, wo sie, wie die moderne Exegese, den Zugang zur Schrift in maximaler Weise zu erschließen versucht.

Von daher kommt der Versuch, Luther ausgerechnet durch seine Predigten zu Wort kommen zu lassen, förmlich einer Zerreißprobe gleich. Wenn es Luther gelingt, sich als Evangelist und Prediger in der weithin gewandelten Gegenwart Gehör zu verschaffen und das Herz der Christen zu treffen – und ich bin sicher, dass er diese Probe besteht –, dann hat er seine unverwüstliche Lebendigkeit wirklich und definitiv unter Beweis gestellt. Für uns moderne Theologen ist es dabei aufreizend festzustellen, dass Luthers Predigten selbst da unmittelbar anspre-

chen und durchschlagen, wo sie auf einer wissenschaftlich un-
tragbaren Exegese beruhen. Es gehört dabei zum Charme der
geistlichen Lebendigkeit Luthers, dass er die fehlende Gelehr-
samkeit nie durch das dubiose Schmalz falscher Erbaulichkeit
ersetzt und dass seine Auslegung des Wortes selbst da nicht
ihre theologische Präzision verliert, wo er der traditionellen
Allegorese und Tropologie – trotz formaler Proteste gegen die
Auslegung nach dem vierfachen Schriftsinn – treu bleibt.

Angesichts der hohen Bedeutung, die Luther der Verkündigung beimisst, sind seine Predigten auch deshalb von großer
Bedeutung, weil er durch sie in pastoraler Verantwortung seine theologischen Grundanliegen viel deutlicher zur Aussage
bringt, als dies in der theologischen Kontroverse geschieht. Die
im theologischen Streit auf die gegnerische Position fixierten
und komprimierten Spitzensätze erfahren daher in der Predigt
eine wohltuende Entkrampfung und Auslegung im Sinne der
eigentlichen Intention Luthers. In der vorliegenden kleinen
Auswahl gibt es einige Texte, die diese Funktion erfüllen.

Theologe und Prediger

Luther hat nicht nur leidenschaftlich gern gepredigt, sondern
er war stolz darauf, über das Lehramt hinaus zugleich zum
Predigtamt berufen und bestellt worden zu sein. Unmittelbar
nach seinem Doktorat und im Zusammenhang seiner Berufung auf den Lehrstuhl für biblische Theologie an der neu ge-
gründeten Universität wurde Luther zum Prediger im Kloster
und an der Wittenberger Stadtpfarrkirche bestellt. Beide Äm-
ter hat er wahrgenommen, solange er konnte, das heißt, solan-

ge es in Wittenberg ein Kloster der Augustiner-Eremiten gab bzw. solange er lebte. Im Kloster predigte er für die Mönche meist in lateinischer Sprache oder später nach Auflösung der monastischen Gemeinschaft in Gestalt der Hauspredigt für die Familie seiner Freunde und Schüler, wobei er in der Form der Reihenpredigt und nach dem Prinzip der „lectio currens" ganze Bücher des Alten Testaments, einzelne Evangelien und verschiedene Briefe des Neuen Testaments behandelte. In der Stadtpfarrkirche hingegen predigte er in deutscher Sprache für die Gemeinde nach der für die Liturgie geltenden Leseordnung der römischen Kirche, die Luther denn auch über den Bruch hinaus beibehielt – eine Gemeinsamkeit, die grundsätzlich bis zur Liturgie-Reform des Vaticanum II bestand. Hinzu kommen zahlreiche Predigten, die Luther hielt, wenn er dienstlich auf Reisen war oder wenn er in Vertretung der Wittenberger Kirche an reichskirchlichen Veranstaltungen teilnahm. Es ist auffallend und aufschlussreich, dass Luther wie in Koburg 1530 oder wenige Jahre später in Schmalkalden den Freunden die kirchenpolitischen und theologischen Verhandlungen überlässt, um selbst vornehmlich als Prediger aufzutreten.

Wieder begegnen wir also der für Luther so typischen Verbindung von theologischer Lehre und Predigt. Das Phänomen ist längst nicht erklärt, wenn man darauf verweist, dass schließlich sogar Johannes Eck, der große Gegner Luthers, in Ingolstadt Professor und Stadtpfarrer zugleich war. Auch der geschichtliche Hinweis, dass die Predigt im 16. Jahrhundert mehr und mehr an Bedeutung gewann, was für die städtischen Kirchen zur Vermehrung eigener Predigerpfründen führte, signalisiert allenfalls den Aufbruch eines neuen Bewusstseins und neuer Erwartungen, die vor allem die Reformation erfüllen wird. Neben das Heer von Mess-Pfaffen und Altaristen, das sich eher schlecht als recht und erschreckend oft ohne jede Würde vom Schacher mit der Opfer-Messe zu ernähren versucht, tritt der Prediger als neuer Typ geistlichen Dienstes. Im Unterschied zum geistlichen Proletariat der Mess-Pfaffen sind die Prediger meist studierte Leute, die dem Wort der Predigt bald mehr Bedeutung beimessen als der schlichten Verwaltung der Sakramente. So kommt es zu Polarisierungen, wobei das „Wort" gegen das „Sakrament", aber auch das Amt des „ordinierten Priesters" gegen die Beauftragung des Laienpredigers oder „Prädikanten" in verschiedenster Weise ausgespielt wird. Diese falsche Polarisierung hat sich zum Teil bis auf den heutigen Tag und bis in das theologische Urteil hinein behauptet, wie sich an der klassisch gewordenen Unterscheidung zwischen der „Kirche des Wortes" und der „Kirche des Sakramentes" zeigen ließe.

Für Luthers Verständnis der Predigt und des Predigtamtes führen diese Hinweise nicht sehr weit, oder sie führen in die falsche Richtung einer angeblich reformatorischen Konzeption der Predigt, die sich bei Luther nicht nachweisen lässt.

Gewiss kommt es bei Luther im oben angedeuteten Sinn zu einer spürbaren Aufwertung der Predigt gegenüber der akademischen Theologie. Dasselbe gilt für die Aufwertung des Wortes gegenüber der Feier der Sakramente im Bereich des Gottesdienstes. Aber bei Luther kommt es nicht zu den aufgezeigten und im Grunde bis heute typischen Polarisierungen:

Die Aufwertung der Predigt führt bei Luther nicht zu einer Abwertung der Theologie, wie man sie beim mittleren Karlstadt oder bei zahlreichen „Schwermern" beobachten kann. Aber auch die liturgische Aufwertung des Wortes gegenüber dem Sakrament führt bei Luther keineswegs zu einer grundsätzlichen Abwertung des Sakramentalen. Es ist richtig, dass er in Wittenberg nur Prediger an der Stadtpfarrkirche wird – das Amt des Pfarrers übernimmt sein Freund Bugenhagen – und dass er nicht selten die Beschränkung auf das Predigtamt mit der Berufung auf das Beispiel des Apostels rechtfertigte. Aber diese Schwerpunktbildung impliziert bei Luther nicht im Geringsten eine Abwertung der Sakramente und die Vernachlässigung der Sakramentsverwaltung. Obgleich Luther nur das Predigtamt verwaltet, feiert er selbstverständlich mit der Gemeinde das Abendmahl, verwaltet er das „Amt der Schüssel" in der allgemeinen Absolution wie in der Beichte und spendet auch die Taufe, sofern dies nicht von den Diakonen übernommen wird.

Mehr noch, der Prediger Luther trägt keine Bedenken, in der Zeit nach 1530, als der Strom bereits ordinierter Priester und Mönche zur Reformation plötzlich versiegte, ein eigenes Ordinationsformular zu schaffen und namens der Kirche geeignete Kandidaten zum kirchlichen Amt zu ordinieren – und zwar zu einem Amt, das gleichgewichtig und aus der inneren Verbindung von Wort und Sakrament den Dienst und die Ermächtigung zu beidem umfasst.

Obgleich Luther die Verpflichtung zu Verkündigung und zum Glaubenszeugnis im Sinne des „allgemeinen Priestertums" allen Gläubigen auferlegt, kommt es im Bannkreis Luthers grundsätzlich nicht zu der erwähnten Polarisierung zwischen ordinierten Amtsträgern und charismatisch sich legitimierenden Laienpredigern. Ein gutes Beispiel für die Wittenberger Lösung ist Philipp Melanchthon. Er war nicht nur Professor, sondern er rangierte auch als Kirchenmann, Visitator und Repräsentant der Wittenberger Kirche gleich nach Luther. Andererseits blieb jedoch Magister Philippus Laie, der, wenn er gelegentlich predigte, dies vornehmlich im Hörsaal, nicht aber im Gemeindegottesdienst und auf der Kanzel tat. Sicher ist jedenfalls, dass Melanchthon in Wittenberg niemals die Eucharistie gefeiert oder ordiniert hat, wenngleich er nicht wenige Ordinationszeugnisse ausgestellt hat. Auch das Gemälde, das ihn bei der Taufe eines Kindes am Taufbrunnen darstellt, ist eher eine Illustration des nach reformatorischer Auffassung den Laien zustehenden Rechtes zur Nottaufe als ein Beweis für die reguläre Sakramentsverwaltung durch Laienchristen.

Es ist daher kein Wunder, wenn der alte Luther in einer durch die Kanonisten ausgelösten Krise der Gemeinde unter Berufung auf die aus dem Predigtamt resultierende Verpflichtung seine Autorität als „Bischof" der Kirche von Wittenberg geltend macht und voll zum Einsatz bringt. So ist also die Frage, wie Luther sein Predigtamt verstanden hat, von hoher theologischer Bedeutung. Denn bei der Predigt geht es für ihn nicht nur um die Verkündigung und deren Einbettung in die Theologie, sondern es geht zugleich um das geistliche Amt als Träger der Verkündigung und damit zugleich um die Struktur der Kirche, die ohne dieses Amt aufhörte, „Creatura Verbi" zu sein.

Aus dem Reichtum der gesprochenen Sprache

Aus der Wahrnehmung der Pflichten des Predigtamtes durch Luther ist uns ein ganzes Gebirge von Predigten erhalten. Luther hat an Sonn- und Festtagen – das „Triduum sacrum" der

Karwoche und die Oktavtage von Weihnachten, Ostern und Pfingsten eingeschlossen – regelmäßig zweimal und während der Woche gewöhnlich dreimal gepredigt. So hat er zum Beispiel im Jahre 1529 in Wittenberg vom Palmsonntag bis zum Ostermittwoch 18 Predigten, an Pfingsten acht und an Weihnachten fünf Predigten gehalten. Nehmen wir hinzu, dass wir über die Predigttätigkeit von 1510–1521 nur rein zufällig orientiert sind und dass wir nach der Schätzung von Fachleuten von einem Drittel der Predigten nur wissen, dass sie gehalten wurden, dann ist die Zahl von mehr als 2000 in Nachschrift oder Bearbeitung erhaltenen Predigten ein wahrhaft beeindruckendes Zeugnis.

Im Einzelnen wäre noch viel über die Druck- und Wirkungsgeschichte der Luther-Predigten, vor allem über die sogenannte „Kirchenpostille" zu sagen, mit der Luther und seine Bearbeiter (St. Roth – C. Cruciger – V. Dietrich – Rörer-Poach) den Pfarrern und den interessierten Christen eine riesige Sammlung von Musterpredigten über Epistel und Evangelium der Sonn- und Festtage des Kirchenjahres als Predigthilfe zur Verfügung stellten. Statt subtiler und differenzierter Angaben beschränke ich mich auch hier auf wenige Anmerkungen zur Auswahl und zur Übersetzung der in dieser Sammlung präsentierten Texte. Wie der Titel besagt, enthält das vorliegende Taschenbuch Predigten zur Advents- und Weihnachtszeit, ein zweiter Band wird den Predigten des österlichen Festkreises gewidmet sein.

Trotz des geringen Umfangs eines Taschenbuchs war ich bemüht, Predigten der verschiedensten Art und aus allen Perioden in die Sammlung einzubringen.

Die Tatsache, dass ich für das erste Bändchen aus einer Vielzahl von Predigten nur neunzehn auswählen konnte, macht schlagartig das Problem der zu treffenden Auswahl deutlich. Der Leser möge sich also vor Augen halten, dass Luther uns neben den hier gedruckten Texten zahlreiche Predigten bietet, die unter den Kriterien der Auswahl gleichwertig oder besser gewesen wären. Ich kann also nicht behaupten, dass die vorgelegte Auswahl die „besten Predigten" enthält. Trotz meiner Liebe zu Luther will ich im Übrigen nicht verschweigen, dass es selbstverständlich bei der Masse von Predigten auch solche gibt, die mehr oder minder unter dem Niveau der hier präsentierten Texte liegen. Für die Prediger/innen unter den Leserinnen und Lesern dieses Buches könnte es eine wirksame Hilfe und ein echter Trost sein, dass es nicht primär die unvermeidlichen Wiederholungen thematischer Art sind, die diese Qualitätsminderung bewirken. Luther beherrscht vielmehr souverän die Kunst, auf die schlichteste Weise das Alte mit Neuern zu verbinden oder es aus dem unermesslichen Schatz des Wortes und auf dem Hintergrund der permanent sich wandelnden Situation als neu zu verkünden. Die Qualitätsminderung tritt bezeichnenderweise erst da ein, wo sich der Polemiker Luther verführen lässt, seine Gegner von der Kanzel aus zu beschimpfen und sie mit ganzen Tiraden klappernder Schlagworte einzudecken und zum Schweigen zu bringen.

Die sprachliche Gestalt der Textfassung schließlich verdient in doppelter Hinsicht unsere Beachtung: Sie hilft uns einmal bei der Suche nach der ursprünglichsten Gestalt der wirklich gepredigten Lutherpredigten; sie bestimmt im Übrigen die Art der Überarbeitung, die notwendig ist, um dem modernen Lesenden, der weder die lateinische Sprache noch das imponierende Luther-Deutsch beherrscht, die authentischen Texte möglichst originalentsprechend zu vergegenwärtigen.

Unter dem ersten Gesichtspunkt liegt auf der Hand, dass die von Luther für den Druck überarbeiteten Texte zwar in höchstem Maß authentisch sind, dass sie aber als gedruckte Predigten nicht ohne Weiteres den originalen Predigten entsprechen. Wie bei vielen sprachlich genial begabten Menschen besteht offenbar auch bei Luther – ohne dass dieses Problem jemals eingehend untersucht worden wäre – eine erhebliche Stilverschiedenheit zwischen der geschriebenen und der gesprochenen Sprache. Der originalen Predigt am nächsten kommen daher die uns erhaltenen Nachschriften, unter denen sich die von Rörer besorgten Nachschriften durch die größte Treue, leider aber auch durch die größte Länge auszeichnen.

Unter dem Gesichtspunkt der Überarbeitung stellen uns daher die in Latein gehaltenen oder für den Druck vorbereiteten Sermone oder Lehrpredigten vor die geringsten Schwierigkeiten.

Die lateinischen Predigten habe ich möglichst ohne Kunstgriffe in ein modernes Deutsch übersetzt. Dabei wird deutlich, dass Luthers höchst lebendiges Latein die meist schmerzliche Prozedur einer Übersetzung bestens übersteht. Die deutsche Wiedergabe strahlt und überzeugt nicht weniger als das lateinische Original. Übersetzer wissen nur allzu gut, dass dieses Ergebnis keineswegs primär von der Sprache als solcher, sondern vornehmlich von der Denkart und mehr noch von der Sache abhängt, die Sprache zum Ausdruck bringt. Für Luther war zeitlebens die „res" wichtiger als die „grammatica". Es geht ihm um den „Kern der Nuss", nicht um die zu zertrümmernde „Hülle". Sosehr Luther über die ihm eigene „Verbositas" wortreicher Darlegungen und das zum Spiel mit dem Wort drängende Pathos paradoxaler Denkansätze klagt, die unvermeidlichen Wiederholungen werden bei ihm eigentlich nie zur Phrase, zum leeren Wort-Geklingel oder zur beeindruckenden Zur-Schau-Stellung lediglich imponierender Worthülsen, die besonders in der modernen Theologie so beliebt sind, obgleich sie letztlich nur die Verständigung erschweren. Wer einmal J. B. Bossuet aus dem Französischen ins Deutsche oder deutsche Startheologen ins Französische übersetzt hat, weiß, worauf ich damit anspiele. Als etwas schwieriger erweist sich dann schon die Bearbeitung oder Übersetzung der in dem eindrucksvollen Luther-Deutsch gedruckten oder gehaltenen Predigten. Hier habe ich ein Verfahren gewählt, das zwischen zwei Fehlformen nach einem gangbaren Mittelweg sucht, über dessen Gültigkeit freilich die Luther-Philologen erst werden entscheiden müssen. Als Fehlform erscheint mir die heute oft angewandte, Luthers Gedanken jedoch stark verfremdende radikale Übersetzung in ein modernes Schriftdeutsch. Als Fehlform erscheint mir aber auch der Versuch, das Luther-Deutsch im Sinne der modernen Sprache zu korrigieren, um es dann mit der Patina altertümlicher Wendungen künstlich auf Original zu trimmen. Beide Verfahren führen zwangsläufig dazu, dass ein so oder anders frisierter Luther die ihm eigene Überzeugungskraft ganz oder teilweise einbüßt. Ich habe daher eine Bearbeitung gewählt, die nur da in Satzbau und Wortwahl eingreift, wo dies für die Verständlichkeit unerlässlich erscheint. Die Kritik wird zeigen, ob die dabei unvermeidlichen Freiheiten die Toleranzgrenze nicht überschreiten, was auch für die gelegentlich sinnvoll erscheinenden Kürzungen gilt.

Die größten Schwierigkeiten bereiten merkwürdigerweise für die Bearbeitung die erwähnten Nachschriften, die dem Original am nächsten kommen. Die typische deutsch-lateinische Mischsprache geht dabei nur zum Teil auf Luther selbst zurück. Zu einem anderen Teil ist das lateinische Element Produkt und Behelf des Nachschreibers, der einzelne Gedankengänge leichter in lateinischen Wendungen und bereits eingeführten Kurzformeln resümieren konnte. Untersucht man die Texte im Einzelnen, so ergibt sich, dass sowohl die Brocken des mittelalterlichen Schul- oder Vulgata-Lateins als auch die deutschen Passagen erheblich leichter zu verstehen sind als reine lateinische oder lutherdeutsche Texte. Entsprechende Versuche zeigen außerdem, dass die Übersetzung der lateinischen Passagen eigentlich eine Überarbeitung der lutherdeutschen Partien notwendig macht und dass vor allem der eine wie der andere Eingriff das Original zerstört. Da sich aber das Taschenbuch auch an Prediger/innen und Theologen wendet und eine Reihe von Leserinnen und Lesern aus ihrer Schulzeit Kenntnis der lateinischen Sprache haben und sicher das geringe Bibel- und Küchenlatein des Nachschreibers im Wesentlichen verstehen werden, erschien es mir vertretbar und zumutbar, wenigstens zwei der erfrischend lebendigen Predigtnachschriften im Anhang des Büchleins zum Abdruck zu bringen. Der/die interessierte Leser/in, der/die über keine Lateinkenntnisse verfügt, wird durch die Hilfe einer knappen Inhaltsangabe und durch die deutschen Partien den Text wenigstens einigermaßen verstehen. Er/sie wird vor allem erfahren, dass sich jede Bemühung um diese Texte gewaltig lohnt, weil uns just in diesen Predigten – weit mehr als in den anderen – Luther als Prediger zum Erlebnis werden kann.

Damit ist im Grunde alles gesagt, was ein Herausgeber zur Einführung in die ausgewählten Predigttexte eines anderen Autors sagen kann und sagen sollte. Der Rest liegt an Luther und an der Gewalt des Wortes, das ihn zum Prediger und Zeugen des Evangeliums machte. Beide, der Prediger und das durch ihn verkündete Wort, bedürfen der „Kunst des Bauchredners nicht, solange der „Deus loquens nobiscum" hinter ihnen steht. So ist es denn an Luther, uns über Jahrhunderte hinweg zu verkünden, was das Wort uns über Christi Geburt, über Kreuz und Tod, über Auferstehung und Himmelfahrt, über die Geistsendung an Pfingsten und das neue, ewige Leben zu sagen hat. Wer im Glauben hinhört, wird ohne weitere Kommentare verstehen, warum Martin Luther auch für katholische Christen im Sinne des Apostels zum „Vater im Glauben" (1 Kor 4,15) werden kann.

Zu den Predigten in der Advents- und Weihnachtszeit

Man geht nicht zu weit, wenn man Luthers Ablehnung der Scholastik als Kampf gegen eine Theologie versteht, die sich nicht predigen lässt, oder umgekehrt als das Ringen um eine neue Theologie, die ganz und gar auf die Verkündigung ausgerichtet ist.

Wie sich das auf die Darstellung des Mysteriums der Menschwerdung Christi auswirkt, zeigt gut die frühe Predigt über den „Emmanuel" oder die erste Weihnachtspredigt von 1514. Das darin anklingende Motiv vom „fröhlichen Wechsel", wonach das Wort Fleisch wird, damit wir der göttlichen Natur teilhaft werden, zeigt Luthers Verankerung in der Theologie der Väter. Dasselbe gilt für das Motiv der Gottesgeburt in unserem Herzen, das Luther unter Berufung auf Bernhard von Clairvaux in seiner Weihnachtspredigt von 1526 behandelt. Von anderer Art ist die Predigt, die Luther 1538 über den Johannes-Prolog Joh 1,1f hält. Dabei versucht er, den christlichen Glauben von der Gottheit Christi gegen künftige Sekten und Häresien zu verteidigen, indem er aufzeigt, wie es zu den alten christologischen Häresien kam. Am Beispiel des Arius wehrt Luther sich gegen eine Dogmenentwicklung, bei der „neue Einfälle" zur Preisgabe des alten Glaubens führen. Sowenig Luther ausschließt, dass der Heilige Geist uns tiefer in die Wahrheit einführt, dass die Wahrheit lebendig ist und sich darum nicht in starre systematische Formeln einfangen lässt, so wenig ist für ihn die Wahrheit einfach das „passende Wort", das in einem bestimmten Kontext ankommt und uns gefällt.

Über die Rechtfertigung predigt Luther erneut am 1. Adventssonntag 1519 im Bild von den zwei Eseln (Mt 21,1f), das er auch in der Gründonnerstags-Predigt [vgl. Topos 1086] verwendet. In viel ausführlicherer Weise befasst sich Luthers letzte Wittenberger Predigt vom 17. Januar 1546 mit dem „großen heubstuck Christianae doctrinae", nämlich der Lehre über Gesetz, Sünde, Glaube und über die Frage, „wie man sol gerecht werden für Gott und ewiglich leben". Das Überraschende an dieser Predigt liegt darin, dass Luther die Frage nach dem Verhältnis von Glauben und Werken nach einem Aufriss behandelt, der sich bis in die Einzelheiten hinein schon in der frühen Vorlesung über den Römerbrief findet. Auffallend ist nicht zuletzt, welch wichtigen Platz Luther in diesem Zusammenhang der Kirche, den Sakramenten und auch dem kirchlichen Amt einräumt. Die Kirche wird auf diese Weise dargestellt als das „Spital", in dem uns der gute Samaritan als Arzt von den Folgen der Sünde heilt.

Vom kirchlichen Amt handelt auch Luthers Predigt zum 3. Adventssonntag über 1 Kor 4,1ff aus dem Jahre 1545. Auffallend an dieser Predigt ist wiederum die Tatsache, dass Luther in ihr ein Amtsverständnis vertritt, das er schon in den Scholien zu Röm 1,1 in der Römerbrief-Vorlesung vertreten hatte. Die Amtsträger werden hier eindeutig als Diener Christi, nicht aber als Diener der Menschen verstanden. Sie handeln nicht im Auftrag der Gemeinde, sondern als Gesandte Christi und als Knechte Gottes. Deswegen sind sie nicht Herren der Gemeinde, wie der Papst es will. Sie sind aber auch nicht Diener der Gemeinde, sondern sie handeln im Auftrag Gottes im Gegenüber zur Gemeinde. Auf ihre Weise widerlegt so die eindrucksvolle Predigt aus Luthers letztem Lebensabschnitt die weit verbreitete These, wonach Luther in den zwanziger Jahren das besondere kirchliche Amt zugunsten des Priestertums aller Gläubigen aufgegeben habe. Es stimmt, dass Luther, ganz im Bann seiner neuen Entdeckung, sich in den Programmschriften zu Äußerungen verleiten ließ, die sich auf den ersten Blick nicht anders verstehen lassen. Es stimmt jedoch gleichfalls, dass Luther auch in dieser Zeit die entsprechende Deutung klar zurückwies und dass er in den folgenden Jahren unmissverständlich ein Amtsverständnis vertrat, das sich in allen Epochen seines Werkes nachweisen lässt.

Einen besonderen Hinweis verdienen schließlich die im Anhang publizierten Predigtnachschriften Rörers, mit denen wir dem Original-Ton Luthers zweifellos am nächsten kommen.

Die lateinisch-deutsche Weihnachtspredigt von 1540 behandelt ausgehend vom Stammbaum Jesu bei Mt 1,16 das immense Problem, dem sich Josef und Maria durch die Empfängnis und Geburt Jesu konfrontiert sahen. Bevor noch Josef Maria beigewohnt hat, muss er erfahren, dass seine Frau von einem anderen schwanger ist. Mit allem Realismus beschreibt Luther die quälenden Fragen und Gedanken des armen Josef, der seine geliebte Frau durch einen gemeinen Ehebruch verloren hat, bevor er selbst die Ehe mit ihr vollzog. Maria schweigt und verteidigt sich nicht, was ihr denn auch durch tausend Eide nicht gelungen wäre. Obgleich Mutter des Herrn, hat sie vor der Welt und nach dem jüdischen Gesetz den furchtbaren Tod durch Steinigung verdient. Soll Josef die geliebte Frau dem verdienten Tod ausliefern, indem er sie bei den jüdischen Behörden verklagt? Josef kann sich nicht zu diesem Entschluss durchringen. Er zieht es vor, sie insgeheim zu entlassen. Er ist bereit, zum Schmerz des Verrates auch noch die Schande auf sich zu nehmen, als Vater eines Kindes zu gelten, das er nicht gezeugt hat, und als unfähiger Gatte, dem die Ehefrau davonläuft. Erst nach diesem Entschluss greift der Engel ein, um Josef und Maria aus der furchtbaren Lage zu befreien. Josef fügt sich auf diese Weise in eine Situation, die er in der Nacht des Glaubens schon vorher angenommen hatte. Eindringlich zeigt Luther damit, wie es in dieser Welt den Menschen ergeht, die mit ihrem Leib, mit ihrem Leben und ihrer Liebe der Menschwerdung des Gottessohnes dienen. Nach meiner Kenntnis ist diese Predigt einzigartig. Luther ist offenbar durch die entsprechenden Äußerungen des Talmud inspiriert, die er auf diese Weise wirksam zurückweist.

Die zweite Predigt über Röm 12,1f aus dem Jahre 1541 greift mit der Hingabe des eigenen Leibes als „lebendiges, heiliges und Gott wohlgefälliges Opfer" und als kultischer Akt eines „vernünftigen Gottesdienstes" ein für Luther sehr wichtiges Thema auf. Denn nachdem Luther 1519 den Opfercharakter der Messe bestritten hatte, konnte er das vor wie nach notwendige Selbstopfer des Christen nicht mehr aus der Verbindung mit dem Opfer Christi begründen. Luther entwickelt daher den nicht gerade überzeugend wirkenden Ansatz, wonach der Christ sich mit dem Opfermesser des Wortes im Glauben zu schlachten hat. In der vorliegenden Predigt gelingt es nun Luther, das Selbstopfer der Christen wenigstens indirekt wieder mit Christi Priestertum in Verbindung zu bringen. Denn Christus wird hier als der „Weihbischof" gesehen, der uns alle zu diesem Selbstopfer ordiniert. Vergleicht man die Ausführung der Predigt mit Luthers Scholien und Glossen zu Röm 12,1 oder Röm 15,16 über den „minister" als „liturgos" und seinen Dienst als „liturgia", so springt unwillkürlich ins Auge, wie sehr es Luthers Grundanliegen entspräche, die ursprünglich auch für ihn selbstverständliche Verbindung mit dem Opfer Christi in Gestalt der Eucharistie wiederherzustellen. Genug der Hinweise, deren Ziel es war, die hohe theologische Bedeutung auch dieser Predigten wenigstens kurz anzudeuten.

Bei der Auswahl der Weihnachtspredigten sind vielleicht die Predigten zu kurz gekommen, die durch ihre kindlich fromme Darstellung des Geschehens in besonderer Weise der Weihnachtsstimmung dienen. Da diese innigen Weihnachtspredigten Luthers jedoch weithin bekannt sind, erschien mir die Konzentration auf die mehr theologischen Predigten gerechtfertigt.

Im Unterschied zu den Predigten für den Osterfestkreis sind die Predigt-Nachschriften zahlreicher, die sich nicht ohne Weiteres überarbeiten lassen. Die Nachschriften Rörers gleichen gelegentlich weit mehr einem Predigtentwurf als einem Stenogramm. Ich hoffe nichtsdestoweniger, dass auch die gelegentlich sehr freie Wiedergabe den originalen Kern der Nachschrift respektiert und zum Klingen bringt.

In dankbarem Gedenken an den Mann, den Gott
trotz allem vor 500 Jahren seiner ganzen Kirche
als Zeugen des Wortes schenkte.

Peter Manns

Emmanuel

Aus den Jahren 1514–1520

Allein beim Propheten Jesaia findest du diesen Namen Emmanuel, dreimal, wie ich meine (Jes 7,14; 8,8), und er besagt: „Gott mit uns". Der Verkündigungsengel hat dann aus Manuel Jesus gemacht. Und danach hat er gesagt: „Dieser wird groß sein und Sohn des Allerhöchsten genannt werden" (Lk 1,32). Wir hingegen sind seine armseligen Geschöpflein (ktismatidia), unterworfen der Sünde, ihren Früchten und dem Tode, dem Zorne Gottes und aller Eitelkeit. Wir leben mitten im Schmutz, rundherum von der Gewalt des Teufels umgeben, besessen von der Welt, erfasst von unserem Fleisch mit seinen Gelüsten. Solch großen Feinden zu entfliehen, ist notwendig und bringt konkret mühselige Anstrengung mit sich. Dass Gott mit uns ist, würde dabei wenig bedeuten, wenn er lediglich als Zuschauer unserem Kampf beiwohnte. Ja, so könnte nicht gesagt werden, dass er mit uns sei. Darum hat er nicht allein irgendein Zuschauer sein wollen, sondern ein Betroffener, der demselben Elend unterliegt, auf dass er uns wie ein verbündeter Soldat all unserem Elend entreiße und uns seine Hilfe anbiete. Von daher ist es, als ob er uns beim Ausbau der Verteidigungsgräben Hilfe leiste, nicht nur als unbeteiligter Beobachter, sondern in unmittelbarem Einsatz, der die ganze Last und die Hitze trägt. Anders kann er nicht als anwesend bezeichnet werden. Wie die Soldaten sagen, wenn sie einen Mitstreiter bezeichnen sollen, so können wir sagen: Er leidet mit uns Übel und Gut. Wenn er ihre Lebensbedingungen mit ihnen ganz teilt, dann gilt von ihm die Redeweise: Er leidt bey uns. Sic Christus stehet bey uns im Schlamm, und arbeitt, das Ihm die haut rauchett. So also ist Gott mit uns: wahrhaft unsere Leiden tragend und hinwegnehmend die Sünde der Welt. Solange wir uns also um der Sünde willen abquälen, muss er selbst um der Sünde willen – nicht seiner, sondern unserer Sünde wegen – unsere Mühsal teilen. Deshalb gilt, dass er sich unsertwegen unterstellt hat dem Gesetz, der Macht des Teufels und dem Zorn Gottes, damit er geschlagen werde unter dem Tod, unter unserer Furcht, unter der Anklage des Gewissens ohne persönliche Sünde, damit er all das besiege, auf dass wir im Glauben an ihn gleichfalls den Sieg davon tragen.

In der Bezeichnung „Emmanuel" steckt folglich der größte Trost, wenn uns der Schreck des Gewissens und das Gefühl der Sünde, das Drängen des Fleisches sowie die Furcht vor Hölle und Teufel durcheinanderbringen. „Habt Vertrauen" – so sagt Christus (Joh 16,33) –, „denn ich habe gesiegt", und „ich bin bei euch bis ans Ende der Tage" (Mt 28,20). So sagt denn auch Paulus: „Christus ist gemacht zur Weisheit, Erlösung usw." (1 Kor 1,30). Er sagt wohlgemerkt nicht: „er ist weise gemacht", sondern er spricht von „Weisheit, Weise-gemacht-Werden (sapientificatio) und Heiligung". Er ist nicht weise gemacht für sich selbst, sondern er ist mein Heilmittel, mein Pharmakon, mein Heiltum, ja jener heilende Umschlag (Emplastrum) selbst, der auf die Wunde gelegt wird und der dann den Glaubenden rein macht, wie dies durch solchen Umschlag am Leib zu geschehen pflegt. So ist Christus Pharmakon und Arzt zugleich, Priester und das einmal dargebrachte Opfer (Hebr 9,28), auf dass jeder, der an ihn glaubt, d. h. der überzeugt ist, dass

Christus für ihn das rettende Heilmittel sei, nicht verloren gehe, sondern das ewige Leben habe. Und so ist er denn die wahre Weisheit, durch die ich weise bin, durch die ich gelenkt, geführt, geleitet und gehandelt (agor) werde – ja er ist die Erlösung selbst, das Leben und der Lebensweg: was alles geschieht durch den Glauben. Und damit feststehe, dass er der Emmanuel sei, hat er sich selbst zum ewigen Testament gegeben, bestätigt durch den Tod. Jeder Widerruf ist unmöglich. Sooft die Messe gefeiert wird, wird uns dies Testament vorgestellt, damit sie uns Speise sei, und zwar Speise, die für den Menschen durch nichts ersetzt werden kann. Mag es auch den Gottlosen als lächerlich erscheinen, dass wir unseren Gott essen, so ist dies doch das Einzige, wodurch wir in maximaler Weise geheilt werden, sofern wir darauf vertrauen. So ist er selbst das Heilkraut (herba fullonum) oder die Seife, durch die wir gereinigt werden. So ist also fürderhin unser Gott nicht nur Forderer der Gerechtigkeit (Exactor) und Richter, sondern er ist in uns heilend durch seine Barmherzigkeit. So bedeutet Jesus im eigentlichen Sinn nicht nur Heiland, sondern er ist darüber hinaus schon die Heilung. Daraus aber folgt: Wenn Christus ein bloßer Mensch gewesen wäre, dann hätte er uns nicht helfen können; wäre er nur Gott gewesen, dann hätte er uns nicht geholfen. Aber der Emmanuel, der „Gott mit uns", der hilft uns in heilsamer Weise. Darum ist Emmanuel sein Name.

WA 4, 608f

Dein König kommt

Über Matthäus 21,1ff – *1. Adventssonntag 1519*

Heute stellt uns die Kirche die Gnade vor, die Gott uns erwies durch die Ankunft seines Sohnes. In diesem Evangelium wird der Stand der treuen Kirche dargestellt vom Anfang bis zum Ende der Welt. Durch die vielen, die Christus vorausgehen oder folgen, wird das Heer der Gläubigen aus dem Alten wie aus dem Neuen Testament bezeichnet, das einmütig sein Hosanna singt, d. h. Gott verherrlicht und seinen Namen heiligt.

Die Aussendung der beiden Jünger bezeichnet die Predigt des göttlichen Wortes oder des Evangeliums, wie sie den Aposteln aufgetragen wurde ... Die Eselin und ihr Füllen aber, das sind wir alle, angebunden einst, d. h. unter dem Gesetz als Sklaven-Treiber und Händler, und zwar dergestalt, dass nur die Eselin eingeritten war, während das Füllen weder einen Reiter noch eine Last getragen hatte, d. h. dass wir das Gesetz und seine Werke nur dem äußeren Anschein nach getan oder erfüllt haben, von innen und mit dem Herzen aber dem Gesetz ständig widerstrebten und es hassten. Da wir aber durch Gottes Wort, von den Aposteln und Predigern verkündigt, zu Christus hingeführt sind, ist jenes Füllen schon bereit, Christus als unseren Reiter zuzulassen, d. h. dass wir nunmehr Gott dem Geiste nach dienen und dass wir ihm aus der freien Hingabe der Liebe gehorchen. Es kommt hinzu, dass unser Füllen allein durch diesen Reiter gezähmt und gelenkt wird, was besagt, dass unsere Affekte durch seine Gnade gewandelt werden, was sonst kein Gesetz und keine Tyrannei jemals erzwingen könnte. Nachdem das Füllen eingeritten ist, das Christus allein zu reiten bereit war (weil er in jedem Werk und Dienst allein das Herz und seine Hingabe sucht), ist auch die alte Lasteselin bereit, freiwillig zu folgen, was besagt, dass auch alles Äußere und Körperliche Gott dient und gefällt. Und so soll Christus nach dem Prophetenwort auf beiden Eseln geritten haben.

Die Worte des Propheten (Sach 9,9) aber sind diese: „Freu dich, Tochter Sion, jubele, Tochter Jerusalem. Denn dein König kommt zu dir als Gerechter und Heiland, wenn auch als Armer, reitend auf einer Eselin und einem Füllen, dem Jungen einer Eselin." Der Evangelist fasst diese drei Worte – nämlich Gerechter, Heiland und Armer – in das eine Wort, der „Sanftmütige", zusammen. Es ist aber dieses Propheten Wort ganz offenbar ein Wort der Freude und des Trostes, ein ganz und gar evangelisches Wort, ja gewissermaßen die Summe des ganzen Evangeliums, durch die erklärt wird, dass Christus schon in unseren Herzen herrsche und nicht die Sünde, und dass er uns gekommen sei, d. h. um unseretwillen allein.

Wozu aber ist er gekommen? Um uns seine Gerechtigkeit und sein Heil zu bringen – uns, die wir sonst gottlos, ungerecht und verloren waren. Und durch welche Ursache bewegt – fragen wir weiter – ist er gekommen? Weil er Mitleid hat mit unserem elenden Schicksal. Dies nämlich bedeutet das Wort „Armer" im Hebräischen, sofern er nämlich seine Gerechtigkeit und sein Heil in uns hineingoss, oder umgekehrt, unsere Armut und unser Elend in sich. Das ist es, was uns Christus so liebenswert macht, was unser Vertrauen und unsere Hoffnung auf ihn entzündet. So nämlich lenkt uns jener „sanftmütigste" König durch die Ankunft seiner Gnade, damit er nichts befehle, kein Gesetz auferlege wie Moses, sondern dass er den Geist eingieße, durch den wir das Gesetz erfüllen und alles in Freiheit tun.

Zu beobachten ist allerdings auch dies, dass die Jünger Christus die Eselin und das Füllen entgegenführen, dass sie ihm beim Aufsitzen helfen, nachdem sie ihre Gewänder auf die Tiere gelegt haben. Dies aber besagt, dass sie aus dem Amt der Evangeliumsverkündigung für sich keinerlei Herrschaft und kein Recht, aber auch keinen Vorteil und keine Ehre ableiten, sondern dass sie nichts unterlassen und alles tun, um die Gläubigen Christus entgegen zu führen, Gottes Ehre zu suchen und zu vermehren, ohne an die eigene Ehre zu denken. Dabei ist es zu unserer Trauer gegenwärtig so, dass die Päpste unter dem Vorwand dieses Amtes ihre Tyrannei aufrichten, indem sie Christus die Eselin nicht zuführen, sondern sie sich selbst unterwerfen und sie reiten, während sie Christus vernachlässigen, der fortan zwischen ihnen zu Fuß laufen muss. Die Kleider übrigens, ausgebreitet auf der Straße, sind die Exempel der heiligen Patriarchen, in deren Fußstapfen wir zu gehen haben. Die Olivenzweige aber sind die Dicta der Schrift, die uns Gottes Barmherzigkeit verkünden. Die Palmzweige schließlich, deren Natur es ist, den Bedrückern nicht nachzugeben, bedeuten Gottes Wort, durch das wir bestätigt werden, damit wir robust in Glaube und Hoffnung durchhalten.

WA 9,425ff

Umarme also den Sohn Gottes und Mariens ...

Über Römer 13,11ff – *1. Adventssonntag 1545*

Ich kann nicht alles behandeln, was in dieser Epistel geschrieben steht ... Bis zu dieser Stelle hat Paulus reichlich und trefflich darüber gepredigt, was der christliche Glaube sei, wie wir befreit werden von Sünde, Tod und von der Gewalt des Teufels, und von der Herrschaft des Gottes Sohnes ... Dann beginnt er mit dem christlichen Leben, das wir unter uns zu führen haben. Täglich hören wir vom Unterschied zwischen dem Glauben und den guten Werken, damit wir sie nicht vermengen wie unter dem Papsttum, wo wir unser Vertrauen auf Menschen und nicht auf Gott setzten, um so alles verkehrt zu machen. Da wir aber nun befreit sind von Sünde und Tod – nicht durch unsere Werke, sondern durch Gottes Sohn und sein Blut – und nachdem wir durch Christus befreit sind von allem, von dem ihr euch selbst nicht hättet befreien können, sollt ihr nun auch äußerlich fromm sein. Liebet den Nächsten und tut ihm Gutes, wie Gott euch Gutes getan hat. Darüber hinaus denkt an euren Leib, damit ihr keusch und mäßig lebt. Denn da ihr schon befreit seid, reimt es sich nicht mehr, dass ihr Sünden begeht gegen den Magistrat, gegen den Nächsten und gegen euren eigenen Leib. Denn du bist kein Christ, wenn du nicht von allen Lastern frei bist. Das Evangelium erlaubt einfach die Sünden nicht, sondern lehrt, wie sie auszufegen seien.

Damit ich nicht abschweife, zurück zu Paulus, der hier sagt (Röm 13,11): Ihr wisst, „dass die Stunde da ist". Er meint hier einen anderen Tag und eine andere Nacht, als die Welt sie hat. Die Sonne, die über Gute und Böse strahlt, ist körperlich. Auch die Tiere benützen sie, wenn sie in der Finsternis der Nacht ihre Ruhe suchen. Über diesen Tag und diese Nacht redet er nicht, auch nicht über diese Sonne ... Es ist vielmehr eine andere Sonne und ein anderer Tag, um die es hier geht ... Christus ist die Sonne, und sie leuchtet so, dass niemand mit dem leiblichen Auge ihren Strahl und ihren Tag zu sehen vermag. Alle, die jedoch ihren Schein im Glauben erfassen, werden gerecht und heilig, frei von Sünde und Tod. Alle gerechten und heiligen Werke stammen darum aus dieser Sonne. So ist Christus zu betrachten wie diese Sonne, die unsere Herzen erleuchtet. Wo diese Sonne nicht leuchtet, ist Nacht und Finsternis. Wo sie aber aufgeht und strahlt, da ist Tag und da wandeln wir wie hier im Tageslicht. Wo diese Sonne leuchtet, leben die Menschen gerecht und heilig. Was immer sie tun, heißt alles wohlgetan, ob sie nun beten, predigen oder schlafen. So reich ist die Sonne der Gerechtigkeit über ihnen, dass alle, die durch sie erleuchtet sind, wissen, was der Mensch, was Gott und was alle Kreaturen sind.

Juden aber und Türken, Papisten und Juristen, Philosophen und falsche Theologen sehen diese Sonne nicht. Also umgibt sie Finsternis. Wahrlich, Mahomet und Cäsar mit all ihren Theologen sehen nicht! Und der Papst beraubte sich selbst dieser Sonne und ihres Lichtes. Dafür zündete er sich ein neues Licht an, d. h. eine Laterne mit Dreck darin. Nichts sieht er in diesem Licht, es sei denn, dass man ihm die Füße und das Haupt küsst, dass man Ablass-, Eier- und Käse-Briefe kauft,

Mönchsorden gründet, auf Wallfahrt geht und – noch einmal – dass man Ablass erwirbt. Aber welches Licht bringt schon solche Lehre? Mit ihren Lügen und ihrem Gestank ist sie wirklich wie Dreck in der Laterne.

Die Sonne aber, um die es hier geht, die sagt etwas anderes. Sie sagt uns, wie es Gott im Himmel ums Herz ist und was er denkt, was die Engel tun und wissen und dass wir glauben müssen an Gott. Wer an den Sohn glaubt, der weiß, wie Gott im Grund des Herzens gesinnt ist. Denn der „Geist erforscht die Tiefen" (1 Kor 2,10). Umarme also den Sohn Gottes und Mariens, höre und glaube, dass er für dich gestorben ist, höre, was er dir zu sagen hat, und du wirst sehen, was Gott im Grunde seines Herzens will. Dann erkennst du wahrhaft Gott und was sein Wille ist: Sein Sohn, Mensch geworden, und wer immer an ihn glaubt, geheilt von Sünde und Tod. Wer hätte dies vorher gewusst? Alle, die diesen Glanz nicht erfahren haben, verkennen ihn. Der Mönch meint, dass er durch seine Werke gerettet wird. Von wo kommt er zu dieser Ansicht? Der Papst hat es gelehrt. Durch das Licht in der Laterne, das Scheißdreck ist. Ja, sie behaupten sogar, dass sie über Werke verfügen (opera supererogationis), die sie für sich selbst gar nicht mehr brauchen. Aber wie vereinbart sich das mit dem, was unsere Kinder im Credo singen: „und an Jesus Christus usw."? Von woher hat es Leuchtkraft? Aus der Laterne, da der Teufel heraus ... So streitet also dieser Ansatz mit allen Kräften gegen Gottes Sohn und die Sonne der Gerechtigkeit.

Vergleichen wir die Lehre aller mit dem, was die Sonne der Gerechtigkeit lehrt: Glaube, dass Gottes Sohn gesandt worden ist, so heißt es im Glaubensbekenntnis. Zieh deine Mönchskappe an, so sagen die anderen. Wie reimt sich das miteinander?

Hier siehst du, dass diese Sonne weit sicherer ist als alle andere Weisung. Sie lehrt dich auch für das äußere Leben, selbst wenn du schlechter Obrigkeit gehorchen musst. Du darfst also gewiss sein, ein gutes Leben zu führen, gleichgültig ob du ehelos oder verheiratet leben willst. Fliehe nur allen Ehebruch, ohne auf das Werk als solches zu vertrauen. Denn du bist nicht Braut Christi wegen deiner Keuschheit. Braut Christi bist du, sofern du ihm im Glauben angetraut bist, und sofern er dich durch sein Blut gereinigt hat, wie Ezechiel (16,9) sagt: Ich hab dich rein gemacht vom Blut, das dir von Adam her angeboren ist. Dabei sollst du das Sakrament nicht als bloßes Werk empfangen, sondern zur Stärkung deines Glaubens. Der Papst frisst blind des Teufels Dreck. Aber die Sonne lehrt uns erkennen, was Gott und die Engel im Sinne haben. Der Kinderglaube leuchtet hell, dass ihr es mit Worten nachsprechen könnt.

Nur hinweg mit allem, das sich nicht reimt mit jener Sonne. Denn in ihrem Licht erkennst du alles und verurteilst Kaiser und Papst als Götzendiener. Dieses Urteil fälle ich im Licht der Sonne der Gerechtigkeit, in dem ich nun auch verstehe, was mit der 1. und 2. Tafel des Gesetzes gemeint ist. Schon sind wir – wie Paulus sagt – Söhne des Lichtes und des Tages, nicht der Nacht und der Finsternis. Solange also die Sonne der Gerechtigkeit leuchtet, glauben wir an ihn und lieben den Nächsten. Gleichgültig ob im Ehestand, als Knecht oder im Amt, ein jeder diene nach seiner Berufung. So will es das Licht der Gerechtigkeit. Es ist nicht erforderlich, dass du Gottes Gnade in Rom oder bei St. Jakob in Compostela suchst oder dass du den Papst anbetest. Tritt ihn nur mit Füßen, wenn du ihm früher die Füße geküsst hast. Ein jeder hat genug mit dem, was er in seiner Berufung zu tun hat. „Nacht" (Röm 13,12), das ist die Blindheit und Torheit, die so groß war wie die ägyptische Finsternis … Unser Licht aber sagt: Glaube an Christus, tu, was dein Beruf verlangt, für dich selbst aber lebe mäßig und züchtig, dann wirst du Richter sein über alles. „Lasst uns also ablegen die Werke der Finsternis", d.h. die Werke, die diesem Licht widerstreiten, das uns lehrt, an Christus zu glauben als an unseren einzigen Retter …

Darüber hinaus trifft Paulus hier sonderlich die Römer mit Ausdrücken wie „fressen und saufen" und „Kammern".

Gemeint sind abscheuliche Ärgernisse, die er eigentlich nicht nennen will. So deckt er sie zu, um sie am Ende doch zu offenbaren, wo er von der Unzucht in Sodom und Gomorra spricht. Auch spricht er (Röm 13,12) von den „Waffen des Lichtes". Denn zweifellos geht es nicht ab ohne Kampf gegen alle Laster im Bereich der 1. und 2. Tafel des Gesetzes. Wenn man rein bleiben will im Glauben, so geht dies nicht ohne Kampf und Streit. So muss denn der Christ auch Krieger und Ritter sein. Du hast gehört, dass du das Fressen und Saufen ablegen sollst. Das Essen und Trinken hingegen ist dir wohl gegönnt, aber nur gesittet und mäßig, damit du tüchtig seist zu guten Werken. Wir sollen eben nicht leben wie die Römer.

Dann ist aber auch von „der Sorge für das Fleisch" (Röm 13,14) die Rede. Paulus befiehlt damit, dass wir uns auch um den Leib kümmern. Wir sollen ihn so leiten, dass wir ihn weder geil machen noch totschlagen. Die Welt lässt diesen weisen Rat nicht zu. Alle aber, denen unsere Sonne strahlt, gehen diesen königlichen Weg (der Mitte). Die Welt hingegen will den Exzess im Luxus oder in der Askese. So waren wir im Mönchtum darauf aus, uns so wehe zu tun, dass dadurch Gott versöhnt werde. Wir glaubten nicht, dass Gottes Sohn durch seinen Tod schon alles für uns getan habe. Überzeugt davon, dass wir nach der Taufe ohne Sünde seien, wollten wir im Glauben das Heil allein erlangen und Christus anziehen. So stellte ich alles darauf ab, durch meine Werke gerechtfertigt zu werden. So ist es mit der Welt: Entweder tut sie viel zu wenig oder allzu viel. Im Winter erfror ich im Kloster schier bei den Metten. So wollten wir ganz einfach den Leib zunichtemachen durch übertriebene Nachtwachen und das Erleiden von Kälte. Als wir dann aber daran dachten, dass auch der Leib zu pflegen sei, kam es zum anderen Exzess. Gewiss, der Fleischgenuss ist keine Sünde. Wir aber fuhren zu mit Fressen, Saufen und Kleidung, als wären wir toll und töricht. Bald kam es dahin, dass man dem Einzelnen eine Tonne Geld an den Hals hängte. Dort also zu wenig, und jetzt zu viel. Anders äußert sich Paulus: Gib dem Leib Futter, Trank und Bett, aber mach, dass ein Maß sei, damit du weder dich noch die anderen zur Unzucht reizest. Beides ist verboten, die mörderische Abtötung so gut wie die Üppigkeit, die geil macht. Einem jeden ist vielmehr zu geben, was er braucht, um den der Berufung entsprechenden Dienst zu verrichten.

WA 51,90ff

Diener Christi

Vieles enthält diese Epistel. Aber das meiste liegt an der Sprache. Worte wie „richten", „gerichtet werden", „menschlicher Gerichtstag" sind hebräischen Ursprungs. Wir Deutschen sagen: „Niemand soll den anderen richten" oder „loben". Denn wen immer man lobt, auch wenn man sich selbst lobt, den zieht man anderen vor. Wartet darum lieber, bis der Herr selbst uns lobt ... Die Stelle redet nicht vom Volk, sondern von den Aposteln und Predigern, vom Papst und den Kardinälen. Zwar sollen auch die Bischöfe hier zuhören, und selbst das Volk muss wissen, worin das Amt der Kirche besteht, damit es sich der Pseudo-Apostel erwehren kann, wo sie die Stelle der Bischöfe und Amtsdiener einnehmen.

„Dafür halte uns jedermann: für Christi Diener" (1 Kor 4,1). Er hat es auf sich bezogen. Der eine gehörte zu Petrus, der andere zu Paulus. Ich habe das Evangelium von Petrus gehört, mein Apostel ist besser als der deine. Diesen Streit will Paulus nicht leiden. Darum sagt er: Einer ist so gut wie der andere. Petrus und Paulus sind nichts. Denn beide sind Diener. Petrus predigt nichts anderes als ich, er predigt nicht falsch. Also sollt ihr von uns nichts anderes halten als das, was wir sind, nämlich Diener. Die Epistel spricht darum nicht vom Volk, sondern von den Gemeindeleitern und von denen, die ein Amt haben in der Kirche wie Bischöfe, Pfarrer und Prediger, die das Wort lehren und die Sakramente verwalten, in denen uns die Mysterien geschenkt und ausgeteilt werden. „Diener" heißt hier nicht einfach „Knecht". Sondern gemeint ist der Knecht, über den Christus (Mt 24,45ff) sagt, dass er als treu befunden wird, wenn er zur rechten Zeit die bestimmten Gaben austeilt. Gemeint ist ein Knecht wie Joseph in Ägypten, der dergestalt diente, dass sein Herr nichts mehr tat, als zu Tisch zu gehen, und der ihm die gesamte Verwaltung anvertraute. Gemeint ist ein Knecht, wie Abraham den Eliezer einsetzte. Gemeint sind Knechte, die wie Amt- und Hauptleute Geld und Lohn austeilen. Ein Prediger und Bischof soll darum kein höher Ding begehren, als dass er für einen Diener Jesu Christi gehalten werde, der getreulich die Güter seines Herrn verteilt. Bischof oder Prediger soll also nicht höher fahren, als dass er für einen getreuen Diener Christi gehalten wird. Wenn er diese Ehre hat, hat er genug an Ehre. Hat Christus ihn doch über alles gesetzt. Wenn du mich als Pfarrer so ehren solltest, dann hätte ich genug der Ehre und kümmerte mich nicht mehr um die Urteile der Welt. So also spricht er von den Dienern des Wortes, denen es aufgetragen ist, nicht Geld zu verteilen, sondern die Vergebung der Sünden und Trost. Auf dass wir getreulich lehren, wie wir frei werden von der Gewalt des Teufels, und dass wir Ausspender seien seiner geistlichen Güter. Dadurch wollte er gewehrt haben dem leidigen Jammer, der in der Kirche bevorstand. Er sah das Papsttum voraus und er sah die Häretiker seiner Tage. Wenn die Plage unter die Pfarrherrn kommt, dass sie die Welt regieren wollen, so ist es aus. Wenn ich nicht zufrieden sein will mit dem Titel des „getreuen Knechtes", dann wäre es besser, dass ich niemals wieder auf eine Kanzel steige. Denn so verhalten sich die Rotten-Geister: Zieht einer den anderen vor, ein anderer aber wiederum einen anderen, und sie haben's gerne so: Ei, der kann predigen – so heißt es –, und schon kommt es zur Trennung und die Kirche geht in Trümmer. Er schlägt auf Petrus, auf sich selbst, auf Apollos: Was sind wir? „Ich habe gepflanzt." Aber wurden wir im Namen Petri, und nicht im Namen Jesu getauft? Dann aber sind wir Diener ein und desselben Herrn und Ausspender derselben Gaben. Welche Ursachen gibt es also, dass wir uneinig sind? Es ist dasselbe Wort, das der Prediger in Nürnberg und das wir in Wittenberg haben. Ei, er kann gut reden, er ist ein feiner Kopf usw. So ist es auch in Korinth zugegangen! Es mögen also auch eure Doktoren zufrieden sein mit der gemeinen Ehre, dass sie bei Lehre und Taufe als Gottes getreuer Doktor erfunden werden. Was soll demgegenüber schon der Kaiser oder der König von Frankreich, auch wenn er dich zum Fürsten macht? Denn er verspricht nicht nur, sondern er schenkt Vergebung der Sünden (aus der Teilhabe am) Amt Christi und zur Austeilung bestellt. Mag auch der einzelne Pfarrer eine bessere Stimme haben als der andere, ein anderes Evangelium hat er nicht zu verkündigen, und auch keine andere Taufe zu spenden. Das muss ein jeder Christ wissen. Also soll es keine Spaltung geben unter den Amtsdienern.

So erhebt sich Petrus nicht über Paulus. Und Paulus tut es auch nicht. So aber sollt auch ihr euch verhalten. Danach erklärt er: Was ist schon Petrus, und was Paulus? Sie sind Haushalter Christi, durch die ihr zum Glauben gekommen seid. Christus hat sie gesandt als seine Diener, auf dass sie eines Amtes walten, durch das ihr gerettet werdet. „Alles ist euer" (1 Kor 3,21ff), Petrus und Paulus, durch die ihr zum Glauben gekommen seid und gerettet wurdet. „Ihr aber gehört Christus."

Wir sind nicht eure Herren! „Christus aber gehört Gott", dem Vater.

Das ist eine stattliche Predigt gegen jede Rotterei und Spaltung. Der Papst aber kehrt die Sache um, sofern er nicht mit Paulus sagt, dass die Christen Christus gehören ... (Der Papst nimmt sich nicht allein das Regiment in der Kirche, sondern er will auch über Könige und Kaiser herrschen. „Nicht dir, sondern Petrus", so erklärt Barbarossa. Aber der Pontifex bleibt bei seiner Forderung: „Ebenso mir wie dem Petrus." Wir aber wissen, dass wir dem Papst nicht gehorsam sein sollen, sofern er keine Gewalt hat, etwas zu gebieten oder zu setzen wider Gottes Wort. Denn ich soll gehorsam sein einem Diener und Haushalter Christi. Weil er es aber nicht ist, schulde ich ihm keinen Gehorsam. Denn Diener sollen keine Gewalt haben wider ihren Herrn. Drum will ich ihren Bann in den Kot treten und verachten ...!)

Paulus erklärt: Allen Dienern Christi ist zu gehorchen, die Christus sichtbar machen und die taufen im Namen des Vaters ... Lehret also, was ich befohlen habe, nicht aber was du befohlen hast ... Denn wir sind nicht eure Herren, und ihr seid nicht einfach Untertanen. Höre vielmehr, was unser Herr Christus sagt. Ich will nicht, dass du mir als Amtsdiener gehorchst, sondern Christus durch mich. Ich soll es dir als Diener Christi sagen. Anders der Papst, der erklärt: Wir wollen einfach Herren sein und ihr sollt unsere Untertanen sein. Das aber ist Blasphemie ... Der Papst führt nicht zu Christus, sondern ist auf seine Ehre bedacht. Ich aber will Dienern Christi gehorchen, die wahrhaft seine Mysterien austeilen ... Diese ganze Epistel ist also gegen das Papsttum gerichtet ... Danach behandelt er das weltliche Regiment. Es ist so weit vom Amt abgekommen, dass man nichts mehr davon versteht. Sie wissen nicht mehr, was ein Amt ist, das man als Diener Christi ausübt. Sie kennen nichts mehr als ihre eigene Majorität. Ja, komm morgen wieder ...! Es geht aber nicht um die Majorität, sondern um Christus. So weiß er nicht, was er daherredet. Er greift gleich nach zwei Schwertern – das geistliche nennt er Dekretale und Bulla, ist eitel Dreck.

Danach greift er zum weltlichen Schwert und fängt Krieg an. Den König von Frankreich tut er in den Bann aus lauter Mutwillen und nimmt sein Königreich, indem er erklärt, dass er kein König mehr sei und indem er die Untertanen von ihrem Eid löste. Aber der König von Frankreich warf ihn in den Kerker und ließ ihn sterben wie einen Hund. Wollte ich, dass dieses Exempel befolgt wird, dann hieße dies: Der Papst exkommuniziert, dann nimmt er die Güter an sich. Die Zwei-Schwerter-Lehre ist lauter Dreck ... Wenn ein Bruder gegen dich sündigt – so sagt Christus (Mt 18,15) –, dann ermahne ihn. Er sagt nicht: Nimm ihm all seine Güter weg. Suche vielmehr sein Heil. Der Papst aber denkt nur daran, wie er das Reich in seinen Besitz bekommt ... Hält er sich doch für das Haupt der Kirche, obgleich er in Wahrheit der Teufel ist. Wir haben nur einen Christus, der unser Haupt ist ... So will ich also hören den wahren Diener Christi. Was er sagt, will ich in Ehrfurcht befolgen, so wenn er mich lehrt, an Gottes Sohn zu glauben, auf das ewige Leben zu hoffen und jetzt Geduld zu haben. Denn das sind die wahren geistlichen Güter.

Lerne also unterscheiden zwischen Dienern Christi und Wölfen, die nur an Spaltung denken wie die Häretiker oder an Unterdrückung wie der Papst ... Dann folgt daraus, dass wir einander weder richten noch Rotten machen. Es soll vielmehr so unter uns sein: Euer Prediger lehre und verkünde uns Christus, der dann so der unsere ist, dass die Einmütigkeit bleibe, genau wie das Wort, die Taufe, der Glaube, die Hoffnung und Christus selbst.

WA 51, 96ff

Freut euch im Herrn

Über Philipper 4,5 – *4. Adventssonntag 1538*

Weil es in dieser Epistel heißt „Der Herr ist nahe", hat man sie auf diesen Sonntag vor Christi Geburt gesetzt. Wenn man zugleich die Frucht dieses Festes gepredigt hätte, wäre es noch besser gewesen.

Es ist eine sehr hohe Epistel, die nur die wahren Christen angeht, die nicht im Saus leben, die nicht wuchern und huren, die sich nicht wie Buben und Tyrannen benehmen, indem sie tun, was sie wollen, ohne dabei auch nur im Geringsten an Gott zu denken. Weil aber die wahren Christen ernstlich an Christus glauben, geht es ihnen, wie es ihnen gehen muss: Sie werden versucht vom Teufel, der Christi Erzfeind ist. Er konnte ihn nicht leiden auf Erden, brachte ihn ans Kreuz und stieß ihn in den Tod. Wo es nun um seinen Samen und sein Geschlecht geht, stoßen wir auf die gleiche Feindschaft. Deswegen spricht die Epistel hier nicht von guten Werken gegen den Nächsten ..., sondern von denen, die es mit dem Teufel zu tun haben vor und gegen Gott. Sie sind darauf angewiesen, dass das Herz spreche: „Freuet euch". „Sorgt euch um nichts!" Das sind nicht Worte eines unnützen Schwätzers oder bloße Dicta in ein leeres Herz, sondern es sind Worte des Heiligen Geistes, einem Christen im Herzen zugesprochen, dem der Teufel ein ganz anderes Canticum singt, wenn er ihm zuraunt: Du sollst verzweifeln und verzagen, – Gott will dein nicht, – warum handelt er so mit dir? Solche Brandpfeile schießt er auf die Christenherzen ab, und es wird ihm nicht schwer, Argwohn und Missfallen Gott selbst gegenüber zu erwecken. Denn unser Herrgott kann es nirgendwo so machen, wie der Teufel es will. Aber er schickt solche Anfechtung nicht nur in die Gedanken der Seinen, allein weil es dem Augenschein entspricht, sondern auch zu denen, die wirklich nicht richtig liegen. So können wir etwa den Papisten wirklich nichts tun, was ihnen gefällt. Denk auch an die Reaktion der Säufer auf Johannes und Christus (Mt 11,19). So macht es der Teufel: Er schmuggelt in die Herzen vergiftete Gedanken, auf dass sie unlustig, unwillig und argwöhnisch werden gegenüber Gott. Dagegen aber schenkt uns die Heilige Schrift wirksamen Trost. Denkt daran, dass ihr fröhlich seid, wie schon Christus seinen Jüngern sagt: „Euer Herz verzage nicht ..." (Joh 14,1)! Das heißt: Ich sehe, dass euer Herz verwirrt ist und traurig wird. Ihr werdet sogar denken: Jetzt ist er gekreuzigt, also gibt es den nicht mehr, auf den wir geschaut haben!

Auch fordert Paulus, dass wir uns „immer" freuen sollen (Phil 4,4). Die von den Christen erwartete Freude ist darum nicht gleichbedeutend mit der vergänglichen Freude an Gulden, Talern und schönen Frauen. Es muss also eine ganz andere Freude sein als jene, die uns vom Essen, Trinken und von der Wollust der Welt zukommt ... Gewöhnt euch also daran, fröhlich zu sein, wenn auch nicht auf gewöhnliche Weise, sondern fröhlich „im Herrn". Paulus selbst bekennt damit, dass die Christen nicht immer zum Lachen und zur Freude aufgelegt sind. Dasselbe sagt unser Herr, wenn er Joh 16,33 auf die Angst verweist, die wir in der Welt noch haben, obgleich Christus die Welt schon überwunden hat. Man könnte auch zu St. Paulus sagen: Warum tust du nicht selbst, was du von uns verlangst?

In 1 Kor 2,3 spricht er von unserer Schwäche und unseren Ängsten. Ja er schreit und seufzt immer wieder über Traurigkeit, Schwermut und Kreuz. Trotzdem ruft er uns zu: „Freut euch!" Es ist den Christen gepredigt. Die Philosophen behaupten umgekehrt: Gegensätzliches ist in ein und demselben unmöglich. Versuche zu lachen, wenn deine Frau an der Pest stirbt. Gut ist zu lachen, wenn man tanzt. Aber lache, wenn es dir schändlich geht. Christus sagt hierzu (Mt 16,24): „Nimm dein Kreuz auf dich!" Wie also soll es sich reimen: fröhlich, und doch traurig in Pest- und in Kriegszeiten? Rein menschlich ist das unmöglich, und unsere Philosophen phantasieren nicht einmal über das Thema. Aber Christen können sich in der Tat freuen, auch wenn ihnen die Augen voller Wasser sind und das Herz erbebt. Das meint Christus, wenn er Mt 11,29 fordert: „Nehmt auf euch mein Joch und lernt von mir. Denn mein Joch ist sanft und meine Last ist leicht." Wie kann das zusammenstimmen und zur Übereinstimmung gebracht werden: Last tragen und süß sein? Bring du es zusammen, dass Freude und Trauern ein Ding ist. Aber hör gut zu, das „im Herrn" muss dabei sein. Sonst geschieht nichts auf die Freude hin. Der Teufel macht gerade die guten Gaben, die du hast, zu Herzeleid, wobei er gern vom Kern der Gabe ausgeht, der dem Herzen Freude bereiten und des Herzens Wollust sein sollte. Sucht darum in allem zunächst das Reich Gottes.

Weiter unten fügt Paulus hinzu: Betet in jeder Not. Und vom Frieden Gottes sagt er dann, dass er „alle Vernunft übersteigt" (Phil 4,7). Es sollen Freude, Friede und Lust sein, aber sie sollen höher gehen als alle Vernunft und Weisheit. Wenn du der Vernunft folgst, argumentierst du: Ich fürchte, dass ich Bettler werde, weil die Pest mich angesteckt hat – alle sind mir gram und stoßen mich aus. Daraus folgt: Gott will mich nicht mehr, ich gehöre nicht zur Kirche, warum sind andere fröhlich? Wenn er genug gibt, werden auch alle satt. So argumentiert die Vernunft.

Paulus aber sagt dazu: Wenn du Frieden haben willst, musst du über die Vernunft hinauskommen, weil der Frieden Gottes alles übersteigt. Hier heißt es denn weiter: Ich ergreife Christus, der für mich gestorben ist und auf den ich getauft bin. An ihn glaube ich, es geht mir, wie es wolle. Ich werde betrübt, aber ich gerate nicht in Verwirrung, weil ich der Wunden meines Herrn gedenke. Die Vernunft wird dir sagen: Du bist verloren. Aber erinnere dich der Wunden und halt dich zu der Freude, die nicht das Produkt der Vernunft, meines Denkens und unseres Geldes, kurz nicht der schönen Hure Gewalt Freude, sondern Freude „im Herrn" ist. Wenn uns der Herr wirklich gram wäre, dann hätte er für uns nicht sein Blut vergossen, dann hätte er uns nicht durch die Taufe zur Frohbotschaft und zur Kirche berufen. Und solche Freude ist höher, als die Vernunft begreifen kann.

O meine Christen, ihr seid zum Reich derer gestoßen, denen der Teufel Feindschaft geschworen hat. Er wird euch nicht lieber haben als euren Herrn. Ihr seid versiegelt durch Taufe und Wort. Richtet euch danach. Die Trauer und das Heilige Kreuz muss euch begegnen, wenn nicht durch Tyrannen und Rotten, dann durch den Teufel, der euch beschießt mit Pest und Traurigkeit. Aber seid so und lernt, dass ihr mitten im Herzeleid die Freude des Herzens erfahrt. So heißt es Röm 5,3: „Wir rühmen uns in unseren Leiden." Aber wie wollt ihr dies lernen? Konsultiert um Himmels willen nicht eure Vernunft und die fünf Sinne, weil es dann um euch geschehen ist. Denn die Vernunft kann sich der Trauer nicht mehr erwehren als ein trockenes Blatt vor dem Wind. Steig über die Trauer, die dein Herz bedrängt, hinaus und sag dir: Ich glaube an Christus, ich bin getauft. Überlass dich nicht der Verwirrung, wenn auch die Vernunft zittert und bebt. Das ist die Predigt, die sich an die Christen richtet. (Und wenn du sie verstehen oder der Lehre des Apostels folgen willst, dann frag nicht die Vernunft, die hier nichts mehr zu raten vermag.)

WA 46,512ff

Eine schöne Lehre

Über Philipper 4,4ff – 4. Adventssonntag 1545

Kurz ist die Epistel und wenig sind die Christen, an die sie geschrieben und die sich ihrer annehmen. Paulus lobt die in Phi-
lippi lebenden Christen, die mit großem Ernst das Evangelium
angenommen hatten und sich zu ihm bekannten ... Paulus
nennt sie seine „Liebsten". Das besagt nicht, dass die ganze
Stadt so gesinnt war, wohl aber die in ihr lebenden Christen.
Die Stadt selbst war noch heidnisch unter den Römern. Es ist
hier nicht von den Vertretern des Magistrats die Rede, dass sie
so täten, wie hier geschrieben steht. Das wäre auch Unsinn und
widerspräche den Aussagen von Röm 13,1ff und 1 Petr 2,13.
Denn zur Obrigkeit gehört Schwert und Feuer – Zorn soll ihr
Regiment heißen. Das gilt auch von den Ruten und Stöcken der
Eltern, mit denen sie die Kinder und Familien auf Vordermann
halten. Sie alle muss man herauslassen, wenn man diese Epistel verstehen will. Es ist die Rede von frommen Christen aus
jedem Stand, ohne dass den leitenden Männern die Verantwortung für das Gemeinwesen oder die politische Verwaltung genommen würde. „Freut euch im Herrn", das gilt den Christen.
Sie sollen ein solch Volk sein, das sich immer freut, Tag und
Nacht, ob sie zu Essen haben oder nicht. Christen sollen ein
fröhlich Volk sein mit einem Herzen voller Freude, voller Mut
und Trotz. Dennoch besteht die Freude – wie gleich folgt –
nicht darin, dass die Menschen reich, edel oder mächtig sind.
Weg mit all dem! Zwar sind auch dies Freuden, aber doch nur

Freuden des Bauches, die wie die Blähungen vorbeigehen. Denn wer sich darum freut, weil er reich oder von Adel ist, dessen Freude wird nicht lange dauern. So wird etwa der Geizige nie ein wahrhaft frohes Herze haben, solange er fürchtet, sein Geld könne nicht reichen oder es könne über Nacht gestohlen werden. Der Mammon kann den Menschen nicht recht fröhlich machen. Zwar stellen sich die Menschen fröhlich, wenn sie Geld zählen, essen oder tanzen. Aber ihr Herz spürt von der Freude nichts. Anders steht es um die Freude der Frommen, die rein und ewig ist, sofern sie den Herrn zum Fundament ihrer Freude hat, der uns zuruft: „O seid doch fröhlich und guten Muts, ja seid stolz und sogar hoffertig." Worauf stolz? Auf den Herrn. Ihr allein wisst, dass ihr euch wahrhaft freut, weil ihr Gott erkannt habt. Die Welt hingegen spürt davon nichts. Sie freut sich nicht anders wie die Sau oder Kuh. Ihr aber freut euch darüber, dass ihr durch das Evangelium berufen seid, dass Gott euch beschenkt und eure Augen und euer Herz erleuchtet hat, damit ihr wisst, wie ihr mit Gott dran seid. Wenn der Wucherer lange fröhlich ist mit seinem Geld und Zins, so ist sein Herz doch erschrocken ... Denn Menschen wie der Wucherer können im Herzen nicht gewiss sein, dass sie einen gnädigen Gott haben, und können nicht sagen: Gott lacht mich an, er ist mir freundlich ... Wir Christen sollen mit Freuden arbeiten und die Werke unserer Berufung tun. Fehlt uns etwas, so sollen wir beten. So sind wir ein seliges Volk, das kühn sein darf und sich freuen soll, aber „im Herrn". Und Gott gefällt es von Herzen, dass wir uns in ihm seiner Hilfe und Unterstützung rühmen, damit unser Herz fest und fröhlich sei und dem Teufel sagen kann: Willst du nicht lachen, dann sei nur zornig auf mich. „Tod, wo ist dein Stachel" (1 Kor 15,35)! Hier ist der

Emmanuel in uns, bei uns in unseren Herzen – wer will uns da noch erschrecken? Was könnte ich für jene Freude empfangen, dass Christus der Herr ist und dass er Gott zum Vater für uns gemacht hat? Was sind dagegen die Schätze der ganzen Welt? Ich werde meine Freude gegen sie nicht eintauschen. Ich wollte nicht einen Birnstiel darüber hinaus annehmen. Denn diese Freude ist so rein, so lustig und ewig. Sie schafft mir alles, was ich brauche. Hier sind wir fröhlich, springen und singen Halleluja, wie es bei Christen gewiss ist. Freilich, wie selten sind solche Christen! Alle geizen, wuchern und rufen: Au weh, au weh, nicht aber: Das walte Gott! Gewiss gemacht, hören wir hier, dass Gott unsere Freude sein soll. Und gewiss gibt er uns Anlass genug zur Freude. Hat er uns doch aus Maria seinen Sohn gesandt. „Ganz nahe ist er" (Phil 4,5)! Ganz nahe ist das Fest der Geburt. Gehet hin zu ihm! Gewisslich, er hat nahe bei uns gebaut. Ja, er ist der Immanuel, in, bei und unter uns. Haben wir doch sein Wort und die Taufe. Seine Menschheit hat er für uns dahingegeben, gestorben und auferstanden ist er für uns. Und so sagt er uns: Glaube an mich, und du wirst Vergebung deiner Sünden erlangen, keine Gewalt hat der Teufel mehr über dich. Ich hab dir kein Geld, kein Gold und Silber gebracht. Davon haben die anderen mehr als du. Aber es schadet dir nicht, wenn dir der Reichtum der Könige fehlt. Aber unseres Herrgotts Güter, die er unter die Huren und Buben wirft, die hast du. Mich selbst habe ich dir gegeben ..., den Sohn, d. h. mein Können und mein Leben, sie sollen ewig dein sein. Obgleich du nicht reich bist wie der türkische Kaiser oder der Papst, obgleich wir Bettler sind, die nur das als Vermögen haben, was der Herrgott auch unter die Gottlosen wirft, ist der Christ in Wahrheit reich. Denn er hat nicht nur die Gaben, sondern den Geber all dieser Güter. So entsteht nicht nur die Freude, sondern sie beginnt hier im Glauben und bleibt bis ins Jenseits. Verglichen mit dem Christen sind darum alle Könige nur Bettler, die nicht mehr haben als ihren Bissen Brot. Also sollen wir uns immer freuen, denn wir haben alles, was Gott gehört. (Und mögen die Kaiser auch reicher sein an einzelnen Gütern,) du hast Gottes Sohn selbst. „Der Herr ist nahe." Wenn du das glaubtest, würdest du sagen: Ich sorge mich um nichts mehr. Es soll mir gleich sein, ob ich Knecht oder Magd bin. Wenn es Gott gefällt, den Papst und die Geizhälse so reich zu beschenken, dann lass sie haben, was sie besitzen. Haben sie doch Christus nicht und nicht den Glauben, und warten die Würmer auf sie. Ich habe Gott und Christus. Und wenn ich auch nicht so viele Güter habe wie sie, so habe ich doch Nahrung und Kleidung ... Im Grunde können auch sie nicht mehr davon haben als du. Selbst wenn Kasten und Keller voll sind davon, sie können es nicht mitnehmen. Wenn ich aber sterbe, finde ich dort meinen Schatz ... Das ist das Erste, dass der Christ immer fröhlich ist. Zwar muss er dauernd arbeiten, aber nichts stört seinen Schlaf. So wird ihm die Mühe der Arbeit nicht sauer, er tut niemand Unrecht. Solche Freude an Christus macht den Christen darüber hinaus fromm. Er tut ganz einfach, was er muss. Die anderen Menschen schinden, schaben und überfordern ihre Mitmenschen, obgleich sie doch nicht mehr als ihren Bauch füllen können. Vor allem alle Handwerker verlangen mehr, als ihnen zusteht ... Solche Menschen wollen keinen Emmanuel haben, aber sie suchen den Mammon. Wenn du nicht fröhlich sein willst im Herrn, nicht dankbar und dienstbereit, dann gehe zu deinem Mammon und sag im Tode: Aua, aua, nun hab ich wohl zu viel gewollt und das Spiel verloren. Aber es geschieht dir recht, du wolltest es so haben – statt Halleluja wolltest du Aua singen.

Das ist das Erste über die Freude der Christen. Anschließend lehrt der Apostel, wie die auf Christus sich freuenden Christen sich den Mitmenschen gegenüber verhalten sollen: „Eure Lindigkeit lasset kund sein allen Menschen! Der Herr ist nahe" (Phil 4,5)! Ich hab das Wort ‚epieikes' nicht besser können verdeutschen als „ein freundlicher, gütiger Mensch." Die Juristen sagen von ihrem Recht: Strenges Recht ist letztlich nicht recht, scharf wird leicht schartig. Aristoteles schreibt fein über die ‚epieikeia', dass niemand mit letzter Konsequenz sein strenges Recht geltend machen soll. Der Mensch soll sich vielmehr lenken lassen, er soll ausweichen und nachgeben. Ich spreche hier nicht von der Obrigkeit und den Eltern, die Schwert und Rute haben müssen, um die Bösen niederzuhalten. Sonst behält kein Bauer einen Scheffel Korn, und auch das Leben im Haus wird unmöglich. Es ist in Wahrheit Barmherzigkeit, wenn die Bösen bestraft werden, um die Guten zu schützen, die nur so in ihren Gütern bleiben ... Die Juristen haben ihre „epieikeian" im schwierigen Geschäft der Bestrafung der Bösen. Aber Gott behält Macht über seine Knechte, und der Richter behält das Schwert, auf dass ein Nachbar den anderen in Ruhe leben lasse. Aber davon spricht der Apostel hier gar nicht. Hier geht es ihm nur um die Frage, wie wir uns den Menschen gegenüber zu verhalten haben. Wenn in diesem Zusammenhang von ‚allen Menschen' die Rede ist, dann meint Paulus damit nicht jeden einzelnen Menschen, sondern er meint alle Menschen in den verschiedenen Ständen und Berufungen. Vor ihnen sollen wir folgendermaßen leben: Da wir unseren Schatz im Himmel haben, so dass wir Alleluja singen dürfen, lasst vor den Leuten kund werden, dass wir gütig, und nicht zornig, nicht störrisch, zänkisch oder haderhaftig sind. Denn in einem großen Haufen können Verfehlungen nicht ausbleiben. Deswegen sagen schon die Heiden: Die Laster deines Freundes wirst du noch kennenlernen, ohne sie zu hassen. Es gibt keinen Menschen, der nicht gelegentlich sich selbst oder anderen weh tut, sei es, dass er fällt oder mir mit den Fingern in die Augen fährt. Sollt ich ihm drum gleich Finger und Füße abhauen? Wie es nun so im menschlichen Leib zugeht, so soll es auch unter der Gemeinde Gottes zugehen. Da muss ich dann das strenge Recht fahren lassen, ein Glied muss dem anderen zugutehalten. So ist es unter Christen: Wir haben den Herrn und wir sind auf der Fahrt der Vollendung – wie ich meine – entgegen. Unterdessen verletzen wir einander noch gelegentlich durch Wort oder Tat. Denn wir sind dem Werke nach eben noch nicht so stark wie die Sophisten. Aber deswegen werde ich niemand so bald totschlagen. Kommt es doch vor, dass Eheleute gelegentlich miteinander streiten. Da ist dann die epieikeia vonnöten: Egal ob Gattin oder Knecht, du musst nicht immer reinen Tisch machen wollen. Da sollst du vielmehr aus der Lindigkeit deines Herzens denken: Es ist doch mein Weib, mein Nachbar, ach ich will's ihm schenken. Sollten wir umgekehrt knurrig, störrig und ungelenk alle Splitter ziehen wollen, verursachen wir nur die größte Uneinigkeit. Man soll nicht um die Petersilie zürnen, wenn sie daneben fällt. Besser ist es, durch die Finger zu sehen, wenn man es nicht zu viel macht. Drum will Paulus hier epieikeian, d. h. Lindigkeit und Gütigkeit haben. Wie du tust mit deinem eigenen Fuß oder Finger, also sollst du auch tun mit denen, die mit dir umgehen und die dich etwas unvorsichtig beleidigen. Wir sollen linde sein und gütig, nicht hauen und stechen, nicht vorgeben und hadern. Lass vielmehr die Dinge erst einmal vorüberrauschen, damit man sehen kann, dass du lind und gütig bist. Die aber Unglück pflanzen und auf Unglück aus sind, die befehle man dem Meister Hans ... Wenn also etwas fehlt, dann handelt im Gedanken an das Wort: „Der Herr ist nahe", „Sorgt euch um nichts!" ... Wenn du dich nicht durchsetzen kannst, so hast du zur Not den Magistrat. Vor allem aber denke daran, dass du einen Herrn und Vater hast, der es für einen Akt der Verehrung hält, wenn du dich in ihm erfreust. Geh in deine Kammer und sprich: Du willst, dass ich fröhlich bin, ich aber bin ganz durcheinander. So kann ich nur darum bitten, dass uns die Sorge nicht auffrisst, wenn uns etwas zur Traurigkeit drängt. Fühlst du also, dass du ungeduldig bist, so laufe mit dem Gebet zu Gott: Ach, lieber Herrgott, gib mir Geduld. Drum hängt St. Paulus das Gebet dran: Du sollst fröhlich sein gegen Gott, gegen deinen Nächsten gütig. Spürst du aber Ungeduld und Sorge, so ergreife das Gebet, um zu flehen, zu bitten und zu danken. Das „Vater unser" ist ein solches Gebet, darin wir Gott hoch vermahnen: Ach, lieber Vater, ich bitte dich aus dem Grund, dass du mich zum Kind gemacht und mir deinen Sohn geschenkt hast. Das heißt flehen. Bitten aber heißt, wenn man anzeigt, was einem fehlt: Ach, ich bitte dich, du wolltest mir gnädig sein und mir Geduld schenken. So können wir uns fein in das Leben schicken, auch wenn die Sorgen nicht aufhören. Darum sei fröhlich in Gott, gegen die Leute linde und mit deinem Gebet schlage um dich wider die Feinde und in allen Anliegen. „Der Friede Gottes aber" (Phil 4,7). Eine schöne Lehre ist dies für jeden, der es annehmen und sich danach richten kann. Aber soll Frieden sein, wo der Tyrann über mich herrscht? Ja, ich will trotzdem springen und singen, und das klagende Aua, Aua soll weder in meinem Herzen noch in meinem Munde gehört werden, ob schon Kerker und glühende Zangen mich bedrohen. Denn der Friede mit Gott übertrifft alle Vernunft. Ist Unfriede in der Welt, und kannst du ihn nicht loswerden, so greif zu dem Frieden, den dir dein lieber Herr Christus erworben hat durch seinen Tod. Er ist ihm so sauer geworden wie dir. In seinem Frieden kannst du darum zufrieden sein.

WA 51, 100ff

Gott wird Mensch, damit der Mensch Gott werde

Über Johannes 1,1 – *Weihnachten 1514*

... Nun ist der moralische Sinn des Textes auszulegen, wobei insbesondere dies zu lernen ist: Wie das Wort Gottes Fleisch geworden ist, so ist es gewiss notwendig, dass auch das Fleisch Wort werde. Denn eben darum wird das Wort Fleisch, damit das Fleisch Wort werde! Mit anderen Worten: Gott wird darum Mensch, damit der Mensch Gott werde. Also wird Macht machtlos (infirma), damit die Schwachheit mächtig (virtuosa) werde. Der Logos zieht unsere Form und Gestalt, unser Bild und Gleichnis an, damit er uns mit seinem Bild, mit seiner Gestalt und seinem Gleichnis bekleide. Also wird die Weisheit töricht, damit die Torheit Weisheit werde, und so in allen anderen Dingen, die in Gott und in uns sind, sofern er in all dem das Unsere annimmt, um uns das Seine zu vermitteln.

Auf diese Weise aber werden wir Wort oder dem Wort ähnlich, d. h. wahrhaftig, wie umgekehrt er selbst Mensch oder dem Menschen ähnlich wird, d. h. dem Sünder und Lügner. Aber er wird nicht zum Sünder und Lügner, wie denn auch wir nicht eigentlich Gott und die Wahrheit werden, sondern lediglich göttlich und wahrhaftig, oder teilhaft der göttlichen Natur, wenn wir das Wort annehmen und ihm durch den Glauben anhängen. Denn auch das Wort ist nicht dergestalt Fleisch geworden, dass es sich selbst verlassen hätte und in das Fleisch verwandelt worden wäre, sondern so, dass es uns angenommen und das Fleisch mit sich vereint hat. Freilich gilt von dieser Vereinigung, dass er nicht allein unser Fleisch angenommen hat, sondern dass er wirklich Fleisch ist. So sind denn auch wir, die wir Fleisch sind, nicht dergestalt Wort geworden, dass wir unserer Substanz nach in das Wort verwandelt würden, sondern dass wir es angenommen haben und uns durch den Glauben mit ihm vereinen, von welcher Vereinigung wiederum die Aussage gilt, dass wir das Wort nicht nur haben, sondern dass wir es auch sind.

In diesem Sinn erklärt der Apostel (2 Kor 3,17; 1 Kor 3,17): Der Herr ist Geist, und wer dem Herrn anhängt, ist ein Geist mit ihm. Ähnlich heißt es bei Johannes (Joh 3,8; 3,6): So ist ein jeder, der aus dem Geist geboren ist, bzw.: Wer aus dem Geist geboren ist, der ist Geist. Und der Apostel sagt 2 Kor 5,21: auf dass wir Gerechtigkeit Gottes in ihm seien. Wie wir also Geist und Gerechtigkeit, Wahrheit und Heiligung oder Reich genannt werden, so werden wir auch Wort, Weisheit und Macht genannt. Ist doch Juda zu seiner Heiligung und Israel zu seiner Macht geworden. Und weil das Gewand Christi Gerechtigkeit, Heiligkeit und Ehre ist, wir aber das Gewand selbst sein sollen, so sind auch wir Gerechtigkeit und Ehre.

Es ist aber notwendig, dass wir, wenn wir das Wort annehmen, uns selbst verlassen und leer machen, indem wir nichts von unserem Eigensinn zurückbehalten, sondern dem Ganzen absagen. Und so werden wir ohne Zweifel zu dem, was wir angenommen haben. So aber trägt dann der Herr für die Dauer dieses Lebens alle durch das Wort seiner Macht, wenn auch noch nicht durch die Wirklichkeit selbst (nondum reipsa). Keinem nämlich, der glaubt, wird hier schon gegeben, was er glaubt. Gegeben wird vielmehr das Wort als Glaube an künftige Dinge. Aufgehängt und gefangen in diesem Glauben sind wir aber schon jetzt das ganze Wort. Ja auch in Zukunft wird er uns tragen durch das Wort, und dies wird jenes unteilbare und fleischgewordene Wort sein – ein Wort ohne Stimme, ohne Klang und ohne Buchstaben. Innerlich aber ist jenes Wort eingehüllt durch Klang, Stimme und Buchstaben, ganz wie es der Honig in der Wabe, der Kern in der Nuss, das Mark im Knochen oder das Leben im Fleisch und das Wort im Fleisch ist.

So ist es keineswegs wunderlich, wenn ich gesagt habe, dass wir zum Wort werden müssten. Sagen doch auch die Philosophen, dass der Verstand verständig sei durch das konkrete Verstehen und der Sinn empfindsam durch das konkrete Empfinden. Um wie viel mehr aber ist dies wahr im Geist und dem Wort nach! So nämlich erklärt auch Aristoteles: Der Verstand ist unmöglich, es sei denn im Bereich der Dinge, die er wirklich begreift. Der Möglichkeit nach aber ist er dies alles, so dass er selbst gewissermaßen alles ist. So sind auch das Streben und das Erstrebenswerte ein und dasselbe, oder die Liebe und das Geliebte, was alles im Höchstmaß falsch wäre, wollten wir es im Sinne substantialer Identität verstehen. Verstehen wir es aber so, dass Verstand und Gefühl – solange sie ihre Objekte ersehnen und im Maß ihrer Sehnsucht – sich verhalten wie die Materie, die ihre Form sucht, sind sie – unter diesem Gesichtspunkt, d. h. sofern sie sich sehnend ausstrecken, nicht aber sofern sie schon ans Ziel gekommen sind – reine Möglichkeit. Damit aber sind sie ein Nichts und werden doch ein bestimmtes Sein, sobald sie die Gegenstände ihrer Sehnsucht erreichen. Und so sind dann ihre Objekte ihr Sein und ihr Handeln, ohne die sie nichts wären, ganz wie die Materie ohne Form nichts wäre. Schön ist diese Philosophie und nützlich der höchsten

Theologie, aber sie wird nur von wenigen begriffen. So kann man zum Beispiel sagen, dass Gott als Objekt der Glückseligkeit das Wesen der Glückseligen selbst ausmacht, ohne dass sie ganz und gar nichts wären. Sofern und sobald sie jedoch ihren Gegenstand erreichen, werden sie das Erstrebte selbst, gleichsam aus der Befähigung zu ihm. Gott aber ist darum immer Akt, was an anderer Stelle behandelt werden soll.

WA 1,28f

Diese Worte sind ein Sakrament

Über Matthäus 1,1f – *Weihnachtsabend 1519*

Hier ist über die Geburt Christi zu handeln, wobei ich von Anfang an mahne, dass das ganze Leben und alle Taten Christi auf zweifache Weise zu behandeln sind, nämlich unter dem Gesichtspunkt des Sakramentes und des Exempels.

Denn dem Volk des christlichen Gemeinwesens wurde zum großen Schaden nur vom Exempel gepredigt und nur das vor den Augen der Menschen nachzuahmende Beispiel vorgestellt, nicht anders als für die anderen Heiligen auch, d. h. für Petrus oder Paulus und Johannes, die uns ihrerseits ihr Beispiel gegeben haben.

Gewährt also Christus den Gläubigen nicht mehr als seine Heiligen? Natürlich gewährt er ihnen die Fülle der Gaben. Von Johannes erbittest du das Exempel der Demut; dasselbe magst du auch von Christus erbitten. Aber höre, auf welche andere und welch unterschiedliche Weise! Und möchte es so sein, dass wir diesbezüglich das eigentliche Ziel des ganzen Evangeliums recht erfassen! Gibt es doch nichts Heiligeres oder Nützlicheres, das man hören oder lehren könnte.

So magst du also von Johannes das Exempel der Demut erbitten. Nicht, dass er selbst dir die Demut geben könnte, sondern dass du dich – durch die Liebe zu seiner Tugend gefangen – fortan bemühst, die Taten dieses Mannes nachzuahmen, soweit du nur kannst. Von Christus aber erbittest du nicht nur das Exempel, sondern zugleich auch die Kraft selbst. Das heißt also: Christus bietet uns nicht nur das Vorbild der nachzuahmenden Tugend, sondern er gießt die Tugend selbst in die Menschen. Und so wird Christi Demut zu der unseren, zur Demut in unseren Herzen. Und das ist es, was ich hier die sakramentale Weise nenne, d. h. dass alle Worte, alle Geschichten des Evangeliums irgendwelche Sakramente sind oder heilige Zeichen, durch die Gott in den Gläubigen bewirkt, was jene Geschichten bezeichnen.

Geburt Jesu Christi. Diese Worte sind ein Sakrament, durch das auch wir wiedergeboren werden, vorausgesetzt, wir glauben daran.

Wie die Taufe ein bestimmtes Sakrament ist, durch das Gott den Menschen erneuert, wie die Absolution ein Sakrament ist, durch das Gott die Sünden vergibt, so sind auch die Worte Christi Sakramente, durch die er unser Heil wirkt. Deshalb ist das Evangelium sakramental zu verstehen, d. h. Christi Worte sind wie Symbole zu meditieren, durch die jene Gerechtigkeit, jene Tugendkraft und jenes Heil selbst gegeben werden, von denen die Worte künden. Damit verstehst du den Unterschied, der zwischen dem Evangelium und allen menschlichen Geschichten besteht. Denn die Geschichten des Livius vermitteln Zeichen und Bilder von Tugenden, die sie in anderen nicht zu bewirken vermögen. Das Evangelium hingegen vermittelt Bilder von Tugenden, die zugleich als Instrument dienen sollen, durch das Gott uns verwandelt und erneuert. So ist das Evangelium der Kirche einem jeden, der glaubt, zum Heil. Wie ohne jeden Zweifel durch die Taufe Gnade und durch die Absolution Vergebung der Sünde geschenkt wird, so vermittelt uns ebenso sicher die Betrachtung von Christi Wort Gnade und Heil. Aber hierzu sind drei Dinge erforderlich.

Das Wort muss gepredigt werden, da die bloße Betrachtung oder Lesung nicht ausreicht. Sodann müssen wir überzeugt sein, dass der Inhalt der Predigt für uns geschehen ist und uns unmittelbar betrifft. Wenn ich also die Geschichte von Christus höre und nicht glaube, dass alles mich angeht, dass also Christus für mich geboren sei, für mich Leid und Tod auf sich genommen habe, dann bringt mir die Predigt oder die Kenntnisnahme der Geschichte keinerlei Nutzen.

Denn so süß und gut Christus auch in sich sein mag, es wird nicht anerkannt und es erfreut uns nicht, es sei denn, ich glaube, dass er mir süß und gut sein wird, so dass ich sage: Mutter, das Kindlein ist mein. Steigen wir also auf von der untersten Stufe und betrachten die Kindheit Christi.

Bedenken wir aber, dass alles so geschehen sei, wie wir es auch in unseren eigenen Kindern geschehen sehen. Denn niemand gehe von der Annahme aus, dass Christus schon damals Zeichen seiner Majestät habe erkennen lassen. In allem hat er sich als Kind verhalten, genau wie es unsere Kinder auch tun.

Ich will nicht, dass du in Christus dessen Gottheit betrachtest oder nach seiner Majestät ausschaust. Widme vielmehr all deine Aufmerksamkeit diesem Fleisch und diesem Christus-Knaben. Dann kann dem Menschen die Gottheit nicht zum Schrecken werden und die unerhörte Majestät ihn nicht in Bestürzung versetzen.

Deshalb hat denn auch Christus die Menschheit und was immer zu menschlichem Gefühl gehört – ausgenommen die Sünden – angenommen, dass du nicht erschreckt wirst, sondern dass du anfängst, von seiner Gunst und Liebe umfangen zu werden, um so Trost und Stärkung zu erfahren.

So ist also Christus allen als derjenige darzustellen, der gekommen ist, um uns Heil und Gnade zu schenken. Ich sage dies vor allem den Ängstlichen und Verzagten mit ihrem traurigen Gewissen: dass sie durch den Glauben eifrig diesen Knaben anschauen und betrachten als den, der Genugtuung für uns leisten wird. Wahrlich, es unterliegt keinem Zweifel, dass der Seele von daher eine Fülle von Trost zukommt ...: Siehe da Christus, wie er in der Wiege und im Schoß der jungen Mutter und Jungfrau liegt. Was ist liebenswerter als das Kind, was schwächer als das arme Weib? Und was ist süßer als die junge Frau? Was anmutiger als die Jungfrau?

All dies aber zielt darauf ab, dass niemand, der schreckhaften Gemütes ist, sich fürchte, zu diesem Kind zu gehen, um Trost bei ihm zu finden ... Fass also Vertrauen. Denn hier ist das Kind, von dem wir das Heil erbitten und erwarten dürfen. Mir will scheinen, dass dem ganzen Menschengeschlecht kein wirksamerer Trost geschenkt ist als dieser, dass Christus in allem Mensch sei, Knabe und Kind, im Schoß dieses Mägdleins, anmutig spielend mit den Brüsten der Mutter.

Wer ist es, den dieses Bild nicht ergreift und nicht tröstet? Schon ist die Macht der Sünde, der Hölle und des quälenden Gewissens gebrochen, wenn du hinfliehst zu dem spielenden Kind. Glaub nur, wenn es sagt, dass es gekommen sei, nicht um zu richten, sondern um uns zu heilen. Wie die Taufe aufs gewisseste Gnade wirkt, und die Absolution Vergebung der Sünden, so wird ohne Zweifel diese Betrachtung des Kindes und dieses Spiel mit ihm dem gequälten Gewissen Freude vermitteln und Kraft der zitternden Seele.

Und damit ich es noch einmal sage: Schau nicht aus nach Zeichen der göttlichen Majestät, damit du nicht erschreckest. Verwende vielmehr deine ganze Aufmerksamkeit auf das fleischliche Bild, auf das Lächeln und das kindliche Spiel. Wissen sollst du, dass Christus wahrhaft ein unwissendes und folglich törichtes Kind war, ganz wie auch wir als Kinder sind, und wie es aus der Erklärung des Apostels (Phil 2,6) hervorgeht. Denn hier heißt es vom Menschen Christus, dass er – wo immer auch ein Strahl seiner Gottheit durchbrach – letztlich nur die Erscheinungsform des Knechtes wollte, der den Menschen dient. In die Ähnlichkeit mit den Menschen gestellt, war es schließlich sein Vorsatz, in vertrautester Weise mit den Menschen zu verkehren ... In Summa: Christus war Mensch, alles Menschliche hat er angenommen und mit Willen sich zu eigen gemacht, ausgenommen die Sünde. Dies aber sage ich, damit wir nicht davor zurückschrecken, dieses Kind in die Arme zu nehmen und von ihm das Heil zu erflehen. So viel über die sakramentale Betrachtung des Evangeliums. In sakramentaler Weise aber betrachten wir das Evangelium, wenn wir gewiss sind, dass seine Worte durch den Glauben das in uns bewirken, was sie besagen.

Christus ist geboren: Glaube mir, dass er für dich geboren ist, so wirst auch du wiedergeboren werden. Christus hat Tod und Sünde besiegt: Glaube nur fest, dass er sie auch für dich besiegt hat, und du wirst Sieger sein.

Und diese Besonderheit hat das Evangelium, dass es nicht durch menschliche Geschichten vermittelt wird. Wird doch im Evangelium die Gerechtigkeit (Gottes) offenbar. Christi Geburt ist so Ursache unserer Geburt. Beispielhaft siehst du die Preisgabe der Majestät in der verächtlichen Hülle des Fleisches: Nimm so auch du das Bußgewand auf dich. Und schau das Beispiel des Friedens, damit auch du fortan der Eintracht und

dem Frieden dienst. Schau, wie Christus alles um der anderen
willen tat, damit fortan auch du den anderen dienst. Damit du
dies aber auch wirklich kannst, betrachte Christus auf sakramentale Weise, d. h. vertraue fest darauf, dass er selbst dir all
das schenken wird.

WA 9, 439ff

Das Kind allein

Über Lukas 2,14 – *Weihnachtsfest 1520*

Es sind zwei Arten von Menschen, die diese gnadenreiche Geburt Christi lesen, hören oder bedenken. Zum Ersten bedenken sie einige dergestalt, dass das Herz nichts fühlt und nicht dadurch bewegt wird, sondern vorübergeht, ähnlich wie ein Gast an einem Wirtshaus vorübergeht. Von diesen Menschen sagt der Prophet Osea (Hos 10,7): „Samaria hat seinen König vorübergehen lassen wie eine Blase auf dem Wasser." Sie haben nicht geschmeckt und versucht, was Christus sei. Zu dieser Gruppe zählen die meisten Menschen. Wir sollten auch einräumen, dass die vollkommene Betrachtung nicht leicht möglich ist. Denn sollte das Herz vollkommen begreifen, welch große Gnade und Güte uns durch das Kind geschenkt ist, würden nur wenige dies überleben. Doch muss es zuletzt zu der Feststellung kommen, dass diesen Menschen Christus noch nicht geboren ist. Drum sollen wir denken, dass wir zu dem anderen Haufen gehören, dass wir bewegt werden und dass wir einen Wandel empfinden in unseren Herzen durch das Bedenken der Geschichte. Wenn es also an das Herz stößt, dann mag es Nutzen schaffen und Frucht bringen. Das ist das rechte Bedenken dieser Geburt, das allein durch den Glauben geschehen kann, wie wir noch lernen werden.

Sanctus Bernhardus sagt, dass in dieser Geburt drei große und merkwürdige Wunderzeichen geschehen sind. Das erste ist, dass Gott und Mensch ein Ding geworden sind durch die

Vereinigung göttlicher und menschlicher Natur. Das andere ist dies, dass die, die geboren hat, Jungfrau geblieben ist und doch Milch getragen hat. Das dritte aber ist schließlich, dass das menschliche Herz und der Glaube in solchen Dingen haben zusammenkommen und eins werden können.

Ich sage aber, dass das erste Zeichen leicht zu glauben ist, obgleich es nur wenige Menschen bewegt. Das zweite aber ist noch leichter zu glauben. Das dritte schließlich folgt ganz leicht aus den zwei vorhergehenden Zeichen. Das rechte und eigentliche Wunder aber besteht darin, dass die Jungfrau Maria wirklich geglaubt hat, dass diese Dinge in ihr geschehen sollten. Das ist so groß, dass wir uns darüber nicht genügend verwundern können. Darum sagt auch der Engel zu der Jungfrau (Lk 1,35): „Der Heilige Geist wird von oben herab in dich kommen, und die Kraft des Allerhöchsten wird dich umschatten." Also ist es zugegangen, dass sie es selbst nicht hat verstehen und fühlen können. Aber glauben konnte sie es. Darum sagt denn auch Augustinus, dass sie viel gnadenreicher und seliger gewesen ist darin, dass sie Christum im Herzen (durch den Glauben) empfangen hat denn im Fleisch, und dass sie eher seine Mutter geworden ist im Herzen denn im Fleische. Dieses Wunderzeichen hat zunächst in ihr geschehen müssen. Hätte sie die Worte, die der Engel zu ihr sprach, nicht angenommen und an ihrem Ohr vorübergehen lassen, so wäre von den Wunderzeichen keines geschehen. Da die Worte aber in ihr Herz gingen und dort hafteten, sind diese Dinge also bald gefolgt und ist in ihr ein solcher Wandel geschehen, dass es kein Mensch ausdenken kann. Vorher ist ihr Wesen vergleichsweise nichts gewesen – jetzt aber ist es viel reiner und heiliger geworden.

Deshalb – so diese Geburt uns nutzen und unser Herz um-wandeln soll – müssen wir das Exempel der Jungfrau in unser Herz einbilden und ihr nachfolgen. Denn es ist keine andere Weise möglich, es muss in unseren Herzen zugehen, wie es ihr geschehen ist. Dies Wunderzeichen muss außerdem in uns ohne Unterlass erneuert werden. Ein jeder muss sich des Kindes annehmen, auf dass er sage und glaube, das Kind sei sein, ganz wie die Jungfrau tat, da sie es empfangen hatte. Ein jeder muss tun, als sei es ihm allein geboren. Und wer sich des Kindes nicht also annimmt, an dem ist diese Geburt ganz verloren. Also haben die Propheten, vor allem Jesaja (9,6), geschrieben: „Ein Kindlein ist uns geboren und ein Sohn ist uns geschenkt." Dieser nimmt sich des Kindes an, gleich wie die Mutter, und alle, die es nicht mit ihm halten und nicht mit ihm also sagen, die sollen sich bekehren oder sie müssen verloren gehen. Diesen Geist finden wir gegenwärtig leider nur in sehr wenigen Menschen. Er ist nahezu ganz verloschen, obgleich er vorzeiten wohl lebendig war, wie in denen, die das christliche Lied gedichtet haben: „Ein Kindelein so lobelich ist uns geboren heute." Denn wer das tun und glauben soll, dass dieses Kind Gottes und der Jungfrau sein sei, und also auch in ihm muss geboren werden, der muss wahrlich von keinem geringen Glauben getragen sein. Denn hier hebt das Herz an zu zappeln. Einen solchen Glauben hat Abraham gehabt, wie Christus von ihm Joh 6,56 sagt: „Abraham hat danach verlangt, meinen Tag zu sehen, und er hat ihn gesehen (durch den Glauben) und ist froh geworden." Wie sollte auch ein Mensch nicht lachen und nicht voller Freude sein, wenn er ganz in seinem Herzen glaubt und dafürhält, dass das Kind sein sei? Wo diese Freude durch den Glauben im Herzen gefühlt wird, da werden die Verheißungen erfüllt (vgl. Gen 22,18; Gal 3,16), durch die Gott zugesagt hat, er wolle alle Menschen in Abrahams Samen segnen, d. h. sie mit aller Gnade und Seligkeit erfüllen, auf dass sie alle Güter erlangen.

Also geht unser Herrgott kurz damit um. Er macht ein Stück Fleisch's und legt es der Jungfrau in den Schoß, und macht so viel Wunders damit, dass von dem einzigen Kind die Herzen aller Menschen gesättigt werden können. Dieser Meister kann mit solch kleinem Werk (wie es den Anschein hat) die ganze Welt speisen. Da sieht man, welch großer Verstand in diesen einfältigen Worten verborgen ist. Sollte er mit weltlichem Gut so viele Menschen speisen, so würde immer und immer weniger werden, bis gar nichts mehr dabliebe. Aber an diesem Kind wird nichts gemindert, er darf es nicht stücklich austeilen, sondern es bleibt ganz und wird einem jeden ganz gegeben. Wer es erlangt, hat ewige Seligkeit und alles Gut. Darum will es nicht nur in den Schoß gelegt sein, und es war nichts, dass es die Jungfrau in den Armen trug, sie musste es zuvor im und nicht unter dem Herzen tragen. Durch dieses Tragen wird sie würdig, dass sie es auch leiblich getragen hat. Dieses Kind ist allein dazu bestimmt, dass es soll das Herz erfüllen, wenn sich das Herz also durch den Glauben ergibt. Dann findet es, dass er heiße ein süßer Jesus. Danach erhebt sich das Herz in den Vater, der so gnädig ist, dass er uns das Kind ins Herz gegeben hat. Es ist nicht auszusagen oder auszudenken, dass ein solch eng Ding einen so großen Schatz in sich haben soll. Darum sagt der Prophet (Ps 81,11): „Erweitere deinen Mund (des Herzens), und ich will ihn füllen." Es ist, als ob er sagen wollte: „Du kannst es nicht weit genug auftun – drum muss es deine tägliche Übung sein. So wird dann das große Wunderzeichen wieder erneuert, davon das Herz süß, fröhlich, getrost und unerschrocken wird, und hat Friede vor allem Jammer, der ihm zustoßen kann." Denn welches Weh sollte einem Herzen geschehen, in dem das Kind bleibt und in dem es wohl auch bleiben wird, weil das Herz und das Kind sich nicht voneinander scheiden. Das ist von dem Affekt und dem Verlangen gesagt, mit denen man sich des Kindes annehmen soll im Herzen. Mehr kann ich davon nicht sagen. Wer wissen will, wie das zugeht, der muss es versuchen.

Nun ist es freilich unmöglich, dass sich das Herz dieses Kindes also annehme und schmecke seine Süßigkeit, wenn es nicht zuvor alle andere Freude, die nicht mit Christus zu tun hat, ausschüttet. Das Herz muss darum ganz ledig und gelassen stehen und trostlos sein. Es darf keine Hilfe suchen bei einer anderen Kreatur. Denn das Kind will es nicht leiden, dass sich das Herz irgendwie anders engagiert. Es will allein im Herzen wohnen. Wir müssen also alles fahren lassen, was vor unseren Augen gut ist, etwa die stimulierende Macht der Lust oder den Anreiz, der von Gütern wie Ehre, Leben, Frömmigkeit, Weisheit und all unserer Tugend ausgeht. Wenn wir das alles ganz übergeben und darauf verzichten, dann kommt das Kindlein. Es bringt aber mit sich alles, was unseren Adam tötet. Denn sollen wir in Christus neu werden, müssen wir uns die alte Haut ganz abziehen lassen. Da hebt dann der Jammer an – da will niemand hin. Drum geschieht es, dass wir uns des Kindes nicht annehmen können.

Also geschieht es zunächst auch der Jungfrau Maria. Sie war arm. Denn der königliche Stamm David war verstoßen und unterdrückt. Die Priester hatten (wie itzund auch) allein das Regiment königlicher und priesterlicher Gewalt. Es gab keinen

Anhaltspunkt dafür, dass von dieser Jungfrau etwas kommen sollte. Dennoch hat aber der Prophet Jesaja (11,1f) gesagt: „Es wird wachsen ein hübsches, junges Reis oder ein frischer Zweig von dem Klotz und Stock Jesse, der nicht mehr grünt, sondern der faul ist geworden und der nicht mehr trägt. Auf ihm wird ruhen der Geist Gottes." Denn der heilige Geist ruht auf Christus, das ist, durch Christus müssen wir alle Gott gefallen, durch ihn wird Gott in uns wohnen. Wir sollen dabei nicht grüne Stämme sein, die da viel wilde Büsche tragen. Wir sollen aber so sein, dass wir außer dem Zweig und den Blumen Christi nichts anderes kennen. Das sagt denn auch das Evangelium Lk 2, durch das wir zunächst hören, was nicht geschehen ist.

Denn der König aller Könige will nicht ein Überkönig oder Amtmann sein. Er will nicht von einer reichen Frau geboren werden, sondern wirft sich herunter unter den ärmsten Haufen. Er will nichts anderes tun, denn allein im Herzen wohnen. Er wohnt aber nicht darin, es sei denn man lässt alle Dinge fahren, wonach sich sonst die Herzen sehnen. Er nimmt sich des Wesens nicht an, das sonst Kaiser und Könige um sich entwickeln. Denn man soll gleich erkennen, dass er nicht bleiben kann bei denen, die die Augen aufsperren und die groß wollen sein in der Welt. Es wird also nichts draus – keines dieser Dinge zählt für uns, man muss lassen regieren und groß sein, wer immer dies will. Obgleich man mit weltlichen Dingen gelegentlich umgehen muss, soll man sich ihrer nicht annehmen. Denn tut man dies, so ist das Herz voll von anderen Dingen und gehet über, so dass das Kind heraußen bleiben muss. Das Kind weicht von keinem so sehr wie von denen, die meinen, dass sie voller Gerechtigkeit sind. Denn diese Leute suchen das Kind nicht, was dazu führt, dass das Kind sich seinerseits von ihnen absetzt. Das ist es, was der Prophet (Hos 10,7) meint, wenn er sagt: „Samaria hat seinen König vorübergehen lassen wie eine Blase auf dem Wasser." Samaria, das ist auf Deutsch eine Hütehaltung oder ein besonderer Dienst, das ist die Kirche oder die Sammlung der Christen.

Man muss dem Kind eine ledige Seele bringen. Darum ist niemand geschickter dazu denn jemand, der viel Not, Betrübnis und Jammer auf sich hat, und gehet nichts nach seinem Sinn, doch also, dass er stille steht und die Widerwärtigkeit gerne trägt. Christus wird dir immer süß werden, es sei denn, du bist dir vorher selbst bitter geworden. Wer sich nicht also fühlt, der mag lieber wegbleiben von Christus. Darum wird das Kind auch zu der Zeit geboren, da der Kaiser Gewalt hatte, und es ist selbst unter der Gewalt. Das ist zugleich ein Argument wider die Gewalt des Papstes, dass sie nicht christlich sei. Er will allein der Oberste sein und regieren. Untertan will er niemand sein und von niemand regiert werden. Das aber hat Christus nie getan. Er hat sich allezeit der weltlichen Gewalt unterworfen, wiewohl er es nicht gebraucht hätte. Damit hat er uns ein Exempel gegeben.

Nun sage ich, dass man dies alles nicht verstehen kann, es sei denn, man versucht es ernstlich. Diese Geburt bringt niemand Gnade, Trost und Seligkeit, es sei denn, er hätte die Wandlung empfunden im Herzen, von der ich gesprochen habe. Diese Wandlung aber hat auch in der Jungfrau Maria geschehen müssen, wie ich gesagt habe. Christi Mutter sollte ein Eheweib sein und nicht einfach Jungfrau bleiben. Er wollte so heimlich in Fleisch und Blut kommen, dass niemand wüsste, wie es zugegangen war, außer Joseph und die Jungfrau. Alle Welt war überzeugt, dass sie das Kind auf natürliche Weise von ihrem

Ehemann empfangen hatte. Hätte sie das Kind getragen und keinen Mann gehabt, wäre sie – wenn sie auch hundert Eide geschworen hätte – mit Steinen zu Tode geworfen worden. Es hätte ihr niemand geglaubt, dass in ihr ein solch übernatürliches Wunderzeichen geschehen sollte. Und es wäre ein rechtes Urteil gegen sie gewesen nach dem Gesetz und nach der Natur. Drum war es notwendig, dass es also zuging und dass sie Joseph als Gatten erhielt, obgleich sie Jungfrau geblieben ist. Da sieht man, wie das Kind so sonderlich und zärtlich ist. Will allein das Herz innehaben. Es mag nichts neben sich leiden. Der Jungfrauen Herz muss ganz verwandelt werden. Es nimmt der Jungfrau weg das edelste Gut, das sie hat. Obgleich sie doch Jungfrau war, musste sie auf die Ehre und das Lob verzichten, das sie davon hätte haben sollen. Dasselbe gilt auch in anderer Hinsicht: Denn obgleich sie aus edelstem und königlichem Stamm geboren war, wurde sie für nichts gehalten und musste auf alles Lob verzichten. Hätte sie von all dem etwas gehalten, wäre sie niemals zu dem Kind gekommen. Dafür wird heute ihr Lob durch die ganze Welt gepredigt, kann sie niemand darum genugsam loben. Dahin aber geht – wie ich gesagt habe – das ganze Evangelium, dass wir uns nur des Kindes allein annehmen.

WA 7, 188ff

Die frohe Botschaft

Heute habt ihr die Geschichte gehört, die in dieser Nacht geschah – eine Geschichte, die tröstlich und fröhlich ist. Denn die Engel im Himmel sind herzlich froh und verkünden eine Freude, die doch nicht sie, sondern uns angeht und uns geschehen ist, wie die Engel in der Predigt selbst sagen: „Ich verkündige euch", nicht uns, den Engeln, die große Freude. Denn er ist nicht uns zum Trost und zur Rettung geboren. Sind doch die Engel von Anfang an selig, so dass es nicht ihnen, sondern uns gilt. So wollen wir uns nicht allein die Geschichte, sondern auch die Predigt einprägen, wollen uns dran halten und sie nie vergessen. Andere anerkennen nämlich diese Freude nicht. Was kümmert etwa den Juden diese Predigt, der so eingestellt ist, dass er den Sohn und seine Mutter lästert, weil er das Ganze für Lüge und Narretei hält. Der Türke aber hat einen anderen Propheten, Mahomet, der mag ihn trösten. Er hat nur Freude daran, dass er viele Siege errungen und viele Völker unterworfen hat. Es ist also nicht die wahre Freude, genau wie die Papisten sich nur an Geld und Gut erfreuen. Die Freude hingegen, von der die Engel künden, geht nur die christlichen Herzen an, die einmal waren, die heute noch sind, und die es wieder geben wird.

Es ist eine feine Predigt, durch die die Engel unter Beweis stellen, dass sie die Schrift besser verstehen als wir. Die ganze Schrift ist hier auf ein Kleuel gebunden und es enthalten die

Worte alle anderen Verheißungen. Dies wird auch deutlich durch das, was geschieht. Bevor der Engel predigt, erscheint er den Hirten, die auf dem Feld ihrer Berufung ihr Werk verrichten und nicht im Geringsten eine Predigt erwarten. Und bevor sie hören, erschrecken sie erst einmal über das wunderbare Licht. Es kommt ihnen nicht geheuer vor, sondern es erscheint ihnen als göttlicher Glanz, der vom Himmel herabkommt. So sind sie durch große Furcht erschreckt, weil sie meinen, dass der Himmel ein eitel Feuer sei und dass die Erde sich in Licht auflöse. Sie denken nicht an die Freude, die später über sie kommt, sondern sie sehen nur eitel Zorn und Ungnade, Blitz und Donner, ja die offene Hölle, in die sie hineinfahren sollten. Nicht umsonst sagt der Engel: „Fürchtet euch nicht!" Lukas deutet dies an, damit wir wissen, welcher Art die Hörer dieser Predigt sind. Die Botschaft richtet sich nicht an Reiche und nicht an fröhliche Menschen. Es ist auch keine Freude, die man mit Talern oder zusätzlicher Zahlung bewirken kann – keine Freude, wie sie die jungen Mädchen empfinden, wenn es zum Tanz geht, wenn ihnen ein schöner Rock geschenkt wird oder wenn sie einander necken. Es sind Menschen, die erschreckt sind durch die Begegnung mit der Klarheit Gottes. Ihnen war es so ums Herz, dass sie, würden sie auch alle Schätze der Welt besessen haben, alles aufgegeben hätten, um wieder ohne Furcht zu sein.

Der Heiland, um den es geht, bringt nicht den verhärteten Geizhälsen und Wucherern die Freude, Menschen also, die sich hoffärtig rühmen, die stolz und reich sind. Die hier beschrieben werden als Hirten, die Gottes Licht und Gericht spüren, sollen sich des Evangeliums bemächtigen und von ganzem Herzen sich darauf festlegen. Sie können es niemals auslernen.

Es gibt übrigens andere, die – wie sie selbst meinen – es besser können als die Engel. Aber eigentlich weiß ich nicht, wie es den anderen geht. Von mir aber weiß ich: Je länger ich studiere, je weniger kann ich, und so gehe ich den Krebsgang. Aber wenn es zum Treffen kommt, wissen zweifellos die weniger, die meinen, sie wüssten etwas. So mahne ich, dass wir nicht müde werden. Es ist nicht die Lehre derer, die ohne Sorge, ohne Gespür für Sünde, Tod und Leid Gott übergehen und leben wie die Kühe. Göttliches Licht erscheint ihnen, dass sie verzagt sind und hoch erschreckt, sie möchten verloren sein an Leib und Seel. Hier macht der Engel mit seinem „Nolite" (Fürchtet euch nicht) eine schöne Rede. Mit wem rede ich, wenn ich jemand so anrede? Gewiss nicht mit einem stolzen Raufbold, nicht mit einem heiteren und schönen Mädchen beim Tanz oder mit jemand, der durch Taler erfreut wird, der säuft und prasst, der huret und bubet, weil er das göttliche Licht nicht wahrnimmt. Es ist eine vergebliche Predigt, die einem fröhlichen Menschen sagt: „Fürchte dich nicht"! Es ist dasselbe, wollte ich einem Pestkranken in seiner Todesstunde sagen: Der Teufel hole dich. Es soll nicht sein, dass man den Betrübten weitere Betrübnis hinzufügt, oder dass man die erschreckt, die schon erschreckt sind ...

So sagt der Engel zu den Hirten: „Fürchtet euch nicht!" Das ist ein Stück Schritt im Umgang mit den Menschen. Dem Papst und seinen stolzen Bischöfen oder den Fürsten und Herrn ist zu sagen: Blitz und Donner, marsch mit euch in die Hölle! Aber wenn ich einen Erschreckten sehe, dann gilt das Gegenteil. Gottes Wort ist nicht Stoppel und Stroh wie eine menschliche Lehre, so dass recht und gut ist, was immer ich tue. Sondern Gottes Wort ist ein Hammer, der Felsen zerschlägt. Das „Fürchtet euch nicht" richtet sich nicht an die, die sicher sind ... Sondern es richtet sich als Predigt an die, die erschreckt sind durch die Klarheit des Herrn. Dies kannst du die ganze Schrift hindurch beobachten. So heißt es im Evangelium: „Ich bin nicht gekommen, um zu verderben." ... Die ganze Schrift verkündet vielmehr: Fürchtet euch nicht und tröstet euch. Das ist die wahre Predigt des Engels, die an die Erschreckten ergeht. Wenn nicht schon jetzt, so wird dich zu seiner Zeit die Klarheit des Herrn umstrahlen. Dann heißt es auch für dich: „Fürchte dich nicht."

Und also erscheint euch das Licht, damit ihr endlich eure Verlorenheit vor Gott begreift, und damit ihr nicht mehr meint, durch Werke die Heiligkeit oder den Sieg über den Tod erlangen zu können. Wenn euch aber dann der Schreck in die Knochen gefahren ist, dann hört auf, euch zu fürchten. Denn das Licht ist nicht gekommen, um zu töten, sondern um zu demütigen und uns auf unsere eigene Nichtigkeit zurückzuwerfen ... Den Frommen sagt es: Wird nicht der Himmel auf dich stürzen? Weißt du nicht, was die Predigt des Engels bedeutet? So heißt es Ps 43,5: „Warum bist du traurig, meine Seele?" Verzweifle nicht, sondern fass neue Hoffnung. Er selbst ist es, der dir zu hoffen befiehlt durch alle Propheten und durch die ganze Schrift. Er will nicht den Tod des Sünders. Er will nicht das Mädchen, das tanzt, und nicht den Ehebruch des Herodes. Er will Petrus, der in Reue umkehrt, und die Hirten. Sobald ihr euch fürchtet, will ich nicht, dass ihr in der Furcht verbleibt.

Im ersten Gebot liest du also: „Ich bin der Herr." Hier befiehlt er mit größter Macht, dass wir vertrauen und hoffen, wie Christus zu dem Gelähmten sagt (Mt 9,2): „Hab Vertrauen, mein Sohn." Hat er doch gesagt: „Ich bin der Herr, dein Gott."

Jenes aufstrahlende Licht ist kein Trugbild der Hölle, dessen ich mich nicht annehmen soll. Umgekehrt verhält es sich mit den Selbstsicheren. Was besagt es, einen gnädigen Gott zu haben? Dass ich ihm vertraue, dass ich auf ihn hoffe, und ihn anrufe. Was wäre das für ein Herr, der sein Volk nicht verteidigen könnte oder wollte? Wenn es der Herr ist, so muss er ein Volk haben, das in seine Macht vertraut. Er ist kein Gott, ähnlich dem Klotz, den die Frösche haben. Wenn schon der Magistrat die Seinen verteidigt, um wie viel mehr Gott. So sagt der Hirte zu den Selbstsicheren: „Fürchtet euch, denn im ersten Gebot hat er versprochen, dass er unser Gott sei. Und wenn du dann in Schrecken gerätst, dann begreife, dass er darum Gott ist, damit er dich tröste. Die Hirten halten ihn also für einen Nothelfer. Das sollst du glauben und hoffen. Ziel des göttlichen Lichtes war es demnach zunächst, dass ihr euch fürchtet. Nun aber heißt es im umfassenden Sinn: „Fürchtet euch nicht." Und ich sage euch auch den Grund dafür: Denn Gott verspricht uns nicht allein, dass er unser Nothelfer sein werde, sondern er befiehlt auch, dass wir ihn dafür halten. Gott hat die Juden aus Ägypten herausgeführt. Aber dies hat nichts mit den Wohltaten zu tun, die er den Heiden erweist: Ich glaube an Gott den Vater, der uns nicht allein durch das eine rote Meer, sondern durch 1000 Meere und Wüsten führt. Darüber hinaus ist er der Schöpfer, weshalb die Erde, die Tiere und alle Kreaturen einschließlich der Engel gezwungen werden, uns zu dienen. Aber unsere Adligen und Bürger sind der festen Meinung, dass sie sich nicht Gott verdanken. Wenn sie in wahrem Vertrauen sagen könnten: Ich glaube an Gott, dann würden sie gern bekennen, dass sie alles von ihm haben. Sie würden sagen: Ich will seine Gaben nicht missbrauchen, und will keine teure Zeit machen. Das ist das Große, dass er uns zu hoffen heißt und dass wir ihn für unseren Gott halten sollen, weshalb uns alles dienen muss: Himmel, Erde und Wasser. Das ist Zeichen genug dafür, dass er dein Gott sein will. Aber das geht über alles Maß hinaus, dass der Engel sagt: „Ich verkündige euch." Das alte Wahrzeichen ist verdorben, es versauert bei euch, und ihr habt vergessen, dass Gott der Schöpfer ist. Nun tut er mehr, damit ihr euch nicht fürchtet: Nun habt ihr das Siegel, d. h. Christus, euren einzigen Herrn und Heiland. Heute ist er geboren. Lasst es ein Zeichen sein über das hinaus, dass Himmel und Erde eure Diener sind, wofür ihr nicht dankbar seid und was ihr vergessen habt. Hier ist mehr als Himmel und Erde. Hier sind eitel Flammen und Sonnen. Wenn jemand aussagt: „Euch ist er geboren", so umfasst diese Predigt alles, was im Himmel, was auf der Erde und was in Gott ist, und die ganze Schrift dazu. Die rohen Geister, die das Licht nicht erschreckt, sorgen sich nicht darum. Der Papst meint ganz einfach, dass Christus gekommen sei, damit er drei Kronen trage. Er glaubt nicht, weder an das ewige Leben noch an den ewigen Tod. Aber dich gehet die Botschaft an. Hier gibt er dir ein Zeichen über das erste hinaus, d. h. über Himmel und Erde. Er malt so lieblich, dass er fast nicht Gott genannt werden kann. Zuerst habt ihr den Himmel und seinen Herrn. Jetzt ist euch der Herr des Himmels und der Erde, unser und euer Herr aus dem Weib als Heiland geboren. Er kommt nicht wie eine Gabe, euch geschickt mit Macht und Reichtum, sondern er kommt als der aus dem Weib Geborene. Jeder, der aus dem Weib geboren wird, ist Mensch – er ist nicht gebacken und nicht geschnitzt, auch wächst er nicht aus der Erde. Euch ist kein Gold als Heiland geschenkt. Er ist nicht Silber oder Samt, nicht Sonne und Mond.

Dafür ist er euer Fleisch und Blut, angetan und gekleidet in ein liebliches Bild. Der ängstliche Mensch hat auf Erden nichts Kostbareres als den Trost, dass ihm der gezeigt wird, der ihn tröstet. Hätte er ein Haus voller Gold, so empfinge er doch keine Freude. Hätte er indes jemand von seinem Fleisch und Blut, der könnte ihm tröstlich sein. Wie hätte er es tröstlicher machen können? Euer Heiland ist euer natürlich Fleisch und Blut ... euer Bruder, Vetter und Freund. Und er ist kein neues Fleisch, nicht die neue Art eines Menschen aus Lehm, wie der nicht geborene, sondern aus Lehm geformte Adam oder die aus seiner Rippe gestaltete Eva. Sondern geboren werden, das heißt aus Fleisch und Blut kommen, ein Mensch werden und ein Heiland sein. Wie sollte es dir kein Trost sein, dass der Schöpfer selbst dir ähnlich wird und in deiner Gestalt einhergeht. Wenn du gefangen wärest, so würdest du nichts Lieberes haben als einen Menschen, der mit dir redet und dich befreit. Noch lieber wird der sein, der mit dir redet, dich für immer losmacht und sich an deine Stelle begibt, um dich zu erlösen.

So denke ein jeder zu seinem Trost im Tode: Gekommen ist mein Herr und Heiland, so sehr mir gleich geboren, dass er mir will freundlich zusprechen und mir hineintreiben ins Herz das Wort: „Fürchte dich nicht." Ich bin kein Wolf, kein Bär oder Löwe, der dich verschlingen oder zerreißen möchte. Auch bin ich nicht der Teufel, der dich holt. Ich bin vielmehr dein Heiland und will dir helfen aus aller Not, aus der dir weder Mensch noch Engel helfen kann. Ich will hineintreten in den Schlamm und ich gehe nicht heraus, es sei denn, ich nehme dich mit. Wer das glauben kann, der hat einen feinen Gesellen, einen lieben Gast, ein hübsches Kind. Er ist nicht geboren in Sünden, sondern aus Heiligem Geist und der Jungfrau, und doch aus eurem Fleisch und Blut. So ist er gekommen, dass er uns Heiland sei, über Himmel und Erde als Unterpfand für die Verheißung des ersten Gebots „Ich bin dein Herr und Gott" hinaus. Es sind die Worte dafür zu schwach. Schau darum auf zum Himmel und auf die Erde, die dir dienen. Wenn auch dies noch zu schwach ist, schau auf den Sohn: Er ist nicht gekommen in Gestalt eines Engels, nicht als Feuer und noch weniger als Bär, sondern in deiner Gestalt und von einer jungen Jungfrau mit eitel sanftem Wesen, damit du nicht erschrickst. Wer dies lernen kann, um sich der Predigt anzunehmen, der ist ein Christ. Aber Teufel und Fleisch lassen uns zu der Freude nicht kommen. Christus sagt beim Abendmahl: „Bittet, dass eure Freude vollkommen sei." Was das Objekt (Christus) betrifft, ist sie schon vollkommen. Nur was das Subjekt betrifft, ist sie noch unvollkommen ... So verdorben ist die Natur: Einmal gefallen, lässt sie sich nicht leicht aufrichten. Aber der Glaube hilft auch hier. Darum schwach hin, schwach her, das erste Gebot bleibt in Geltung, auch dass er Himmel und Erde gegeben hat und dass uns der Sohn aus einer zarten und reinen Jungfrau geschenkt wurde. Sie kommt nicht mit Schwert und Spieß, sondern sie hat nur zwei Brüste. Das gehört zunächst zu denen, die vorher erschreckt waren durch das Gesetz. Daran fehlt es (, dass wir zu schwach sind, solchen Gütern ganz zu trauen. Bernhard und Augustinus klagen darüber.) Manchmal spüre ich schon die Freude. Und wenn sie bliebe, würde ein anderes Wesen aus mir. Die Hefe ist schon in den Teig gemischt. Verzweifeln wir darum nicht oder verachten wir nicht, wie der Papst oder Türke es tun. Wir lernen nicht aus in diesem Leben, weil wir noch im Fleisch und in der Welt sind und der Teufel uns nachstellt ... Was Christus angeht, ist es schon wahr, was aber mich betrifft, so fehlt noch viel. Trotzdem gehört der Heiland zu denen, die verdammt und verloren sind, nicht zu den Selbstsicheren und den selbstgefälligen Heiligen wie Papst und Türke ...

WA 46, 516ff

Die Gottheit Jesu

Über Johannes 1,1ff – *Sonntag nach*
Weihnachten 1538

Da dieses Evangelium gewöhnlich am Weihnachtstag gelesen
wird, wollen wir es heute behandeln, und zwar vor allem, um
zu lernen, was der christliche Glaube im Artikel von der Gottheit Christi besagt, und dass wir uns der Sekten erwehren können, die sich dem Samen des Weibes entgegenstellen. Und
wenn auch gegenwärtig keine solche Gefahr besteht, so erscheint dies doch sinnvoll im Blick auf künftige Sekten, die sagen werden: Hätten sie dies oder jenes bedacht, dann würden
sie nicht so gelehrt haben. Wenn nämlich den Menschen etwas
Neues einfällt, dann zeigen sich die jungen Leute und die un-
erfahrenen Christen meist sehr anfällig und sagen: Gewiss,
früher habe ich das nicht so verstanden! So geschah es denn
auch zur Zeit des Arius, dem plötzlich einfiel, dass unser Evangelium vom Wort spricht, nicht wie Johannes es versteht vom
Sohne Gottes, sondern einfach vom verkündeten Wort. Das soll
nun ein solch köstlicher Gedanke sein (, mit dem sich alles än-
dert). Gäbe es ein solches Wort bei Gott, dann wäre es auch das
meine. Später sahen sie sich zu dem Bekenntnis gezwungen,
dass es nicht nur um das Wort des Vaters ging, sondern um
eine eigene, vom Vater unterschiedene Person. Andere blieben
aber bei ihrem Nein. Dies sind die höchsten Irrlehren gewesen,
die gegen die Gottheit Christi vorgetragen wurden.

Daraus also, dass er als Wort des Vaters dessen Wesen und Gedanken sei, folgerten sie, dass es überhaupt keine Verschiedenheit von ihm gebe. Dies war der Gedanke eines Cerinth und Sabellius. Das sage ich darum, damit man weiß, dass wir begriffen haben, worum es geht. Die Häretiker von damals dachten, dass Johannes und die anderen Apostel dies nicht verstanden hätten, während sie es angeblich durch den Geist begriffen haben. Später kam dann Arius. Denn die vorhergehende Häresie wurde angesichts des klaren Textes bald besiegt. Jener hat das Wort nicht vom Vater scheiden wollen. Dieser nun scheidet es allzu sehr, da er einsieht, dass er es scheiden muss. So hat er erklärt: Wir müssen gestehen, dass der Zeugende und der Gezeugte der Person nach verschieden sind. Die voraufgehende Häresie hatte gesagt: Der gezeugt hat, ist der Vater, der gezeugt worden ist, das ist der Sohn, aber beide sind eine Substanz, da sie keinerlei Unterschied zulassen. Wir kennen diese großartigen Gedanken so gut wie sie selbst. Andere stellen den Sachverhalt so dar: Vater und Sohn sind in der ewigen Gottheit zwei verschiedene Personen. Also irrt sich Paulus von Samosata, wenn er erklärt: So aber sind Christus und der Vater zu unterscheiden, bzw. so sind sie verschiedene Personen, dass Christus über dem steht, der als wahrer Mensch aus der Jungfrau geboren wurde. Dieser ist zwar auch Gott und ist so zu nennen, und die Gottheit ist in ihm. Aber diese Gottheit ist nicht vom Vater geboren, er ist kein natürlicher, sondern ein erschaffener Gott. Freilich hat er deswegen nichts mit Gabriel und Michael oder den anderen Engeln gemein. Alle Engel sind im Vergleich mit dem Sohn Gottes wie Finsternis gegenüber der Sonne. Er ist das Vollkommenste und Höchste, das Gott je gemacht hat. So lobt ihn auch Mahomet. Hier meinen die Menschen: Wenn sie nur einräumen, dass er für uns geboren wurde und für uns gelitten hat, dann konzedieren sie auch, dass er Gott ist über alle Engel, kurz: eine solch herrliche Kreatur, wie niemand sie beschreiben kann. Sie gestehen ihm sogar zu, dass er bei der Erschaffung von Himmel und Erde hat helfen dürfen. So ausgeschmückt, hat sich diese Irrlehre dann über den ganzen Erdkreis ausgebreitet. So werden die später kommenden Theologen sagen: Wenn unsere Vorgänger unsere Gedanken gekannt hätten, dann würden sie euch gesagt haben (, was wir sagen).

Unser Glaube aber sagt in diesem Punkt so: Vater und Sohn sind verschiedene Personen, womit wir uns gegen die erste Häresie wenden, die in der Gottheit nur eine Person zulässt. Aber auch die andere Häresie lassen wir nicht zu, die den Sohn dergestalt zu Gott macht, dass er darüber die Gottheit verliert. Er soll allein Gott heißen dem Namen nach. Aber Natur und Wesen Gottes soll er nicht haben. Für uns aber sind in der Dreifaltigkeit Vater, Sohn und Heiliger Geist drei verschiedene Personen, von der keine die andere ist, ohne dass dies auf eine Zertrennung des göttlichen Wesens hinausliefe. So lehrt die heilige Schrift. Unser Glaube wird dabei durch die Vernunft nicht begriffen. Genau wie wir nicht begreifen, dass die Taufe das Bad der Wiedergeburt ist, oder dass der aufersteht, der gestorben ist. Nichtsdestoweniger „haben wir (diesbezüglich) ein gewisses Wort" (2 Petr 1,19). Aber ihr müsst daran denken und darauf achten, dass ihr – so ihr in der Dunkelheit ohne Licht sitzt – allein das betrachtet, was Gott sagt. Nur dies sollt ihr erfassen und glauben. Verhaltet ihr euch anders, gibt es weder Rat noch Hilfe. Hier muss man dann nicht nur die Augen des Leibes, sondern auch die Augen des Geistes schließen. Die Arianer wollen durch die Vernunft Meister sein, genau wie die Juden: Die Christen sind in ihren Augen toll und töricht, da sie drei Götter behaupten, wo nur einer ist. So halten uns selbst die Türken für Gänse, die keine Vernunft haben und nicht denken können. Wenn es nur einen Familienvater in einem Hause gibt, warum sprecht ihr dann von drei Göttern? Du lügst also. Ich könnte dies genauso gut sagen wie Paulus von Samosata, wie Arius, der Türke und der Jude. Denn wir kennen nur einen einzigen Gott, Schöpfer des Himmels und der Erde, nicht aber zwei oder drei. Es gibt nur ein einziges göttliches Wesen. Aber in dem einen Wesen der göttlichen Majestät sind dreierlei Personen, nämlich Vater, Sohn und Heiliger Geist. Unterschieden nach der Person, sind sie eins der Majestät und dem Wesen nach.

„Im Anfang war das Wort" (Joh 1,1). Dieser Text ist wahrlich ein oft misshandelter Text. Es ist auch eine seltsame Rede. Johannes will dabei künden von dem Wort, das Fleisch geworden ist. Denn der Vater und der Heilige Geist sind nicht Mensch geworden, nur der Sohn. Das hat er hier klar machen wollen, was Johannes hier Wort nennt. Dabei muss die Vernunft hinken und aus dem Gleichschritt kommen. „Im Anfang", d. h. da alle Kreatur anhob zu sein, da Gott alle Dinge erschuf. Denn bis dahin gab es weder die Welt noch den Menschen oder irgendeine Kreatur, sondern Gott allein. Zu jener Zeit, d. h. da es wollte angehen mit der Welt und da es wirklich anging, da war bereits das Wort, d. h. also etwas, das nicht geschaffen war. Da also alle Dinge anfingen zu werden, war bereits das Wort und hatte sein Wesen. Es ist nicht geworden, sodass man nicht zurückrechnen kann. Also ist das Wort, das schon war, als alles anfing zu werden, nicht geschaffen und nicht geworden.

Deshalb sagt er: „Es war". Also fing es nicht an, zu werden oder zu sein. Also ist es nicht gemacht oder erschaffen, sondern es ist immer da gewesen. So ist es schon da gewesen, als der Vater mit der Schöpfung begann. Also war noch keines der Dinge da, die er erschuf. Wie der Vater da gewesen ist, als er die Kreaturen erschuf, und wie er sein Wesen nicht von den Kreaturen empfing, sondern umgekehrt, so nahm auch der Sohn kein Wesen an, sondern er hat es bereits. Also folgert der Text, dass Christus keine erschaffene Kreatur ist, sondern dass er schon gewesen ist, gleich ewig und in gleicher Ehre. Damit aber liegt bereits Arius am Boden mit seiner These, dass der Sohn eine so schöne und herrliche Kreatur sei, nicht nur mächtiger als alle sichtbaren Kreaturen, sondern auch als die Engel, so mächtig, dass man es nicht aussagen kann. So schmiert er armseligen Menschen den Mund und macht sie begierig. Trotzdem wäre er so nicht wahrer Gott, sondern bloße Kreatur, durch die Gott alle Geschöpfe begründet hätte. Hör also, Arius: An dem Wort „im Anfang" kannst du nicht vorüber. Denn du hast bekannt, dass Vater und Sohn verschiedene Personen sind. Aber dann unterscheidest du beide so, dass du aus Christus eine Kreatur machst. Denn er ist nicht gemacht, sondern er ist gewesen. Wenn er aber gewesen ist, dann war er vor aller Kreatur von Anfang an. Christus ist Gott gewesen, bevor es eine Welt gab. Das ist unser Glaube.

„Alles ist durch ihn geworden" (Joh 1,3), d. h. durch das Wort, von dem ich hier rede. Wenn dem so ist, dann muss das Wort wahrer Gott sein. Wer sagt „alles", der nimmt nichts aus. So ist es also Lüge, wenn Arius ihn als die vornehmste Schöpfung herausstellt. Ja, er ist der, durch den alles geschaffen ist. Und er fügt die negative Klärung hinzu: „Ohne ihn ist nichts geworden." Es ist nichts gemacht, es heiße, wie es wolle, das nicht durch ihn gemacht ist. So hebt er das Gedankenspiel auf, das man in der Tat nicht denken kann, d. h. dass Christus die vornehmste Kreatur sei, so gewaltig, weise und hoch, dass durch dieses Geschöpf alle anderen Geschöpfe erleuchtet seien … So ist es unser Glaube, dass Jesus Christus wahrer Gott sei, weil er vor aller Kreatur gewesen ist, bevor sie gemacht waren, und dass alles durch ihn, nichts aber ohne ihn gemacht worden ist. „Nichts", so steht da geschrieben. Als alle Kreaturen wurden, war er schon da, wie der Vater. Daraus folgt dann: „Alles durch ihn." Alle Dinge, die da gemacht sind, sind durch ihn gemacht. Er war damals nicht nur, er war nicht nur da und sah zu, sondern er machte mit. „Ich wirke und der Vater" (Joh 5,17). Sonst nichts. Willst du etwas Besseres lernen wie Arius, dann tu es. Wir aber bleiben beim Bekenntnis der drei Personen. Über zwei Personen, nämlich über Vater und Sohn, sind wir schon im Klaren: Es sind zwei verschiedene Personen, der eine zeugende, der andere gezeugte Person. Daraus aber folgt, dass der wahre Gott ein Gott ist. Denn außer den Geschöpfen gibt es nichts als Gott, und zwar als den einen Gott. So sprechen wir von dem einen Schöpfer-Gott und sprechen doch auch vom Sohn. So ist auch Christus Schöpfer des Himmels und der Erde.

Aber auch der andere Irrtum ist zurückzuweisen, nämlich der ältere, der die Personen unterscheidet. Gegen diesen Irrtum (hinter dem als Verführer der Samosatenus steht) ist einzuwenden, dass Johannes sagt: „Das Wort war Gott." Ich will über jemand reden, der Mensch geworden ist, und der doch schon im Anfang war. Er ist neben und bei dem Vater gewesen. Also verweist er deutlich auf zwei Personen. Keine von beiden war Kreatur. Also konnte das Wort nirgendwo anders sein als bei Gott. Ich setze dabei zwei: nämlich Vater und Sohn. So ist es also dasselbe Wort, das Gott war. Es war nicht bei Gott als ein abgesonderter Gott. Es ist der Sohn, nicht der Vater, und dennoch kein anderer Gott. So sind die Arianer geschlagen, sofern sie sich auf das „im Anfang" berufen. Aber auch der Samosatensis, der das „bei Gott" versteht wie von einem Ratgeber bei seinem Fürsten, wenn ich mich dieses groben und doch wahren Bildes zum Vergleich bedienen darf.

Hier müssen wir die Augen ganz einfach zumachen und an der Predigt hängen, die der Heilige Geist vom Himmel her hält. Also ist Christus wahrer Gott mit dem Vater und doch eine verschiedene Person, weil der Vater nicht der Sohn ist. Der Mensch kann nicht die Herrlichkeit der Predigt begreifen, dass Gott Vater, der Sohn aber Wort genannt wird nach der Person. Wir müssen uns an diese Redeweise gewöhnen der Schrift wegen. Hier musst du gleichsam aus der Welt gehen und nicht darüber nachsinnen, was das Wort sei, das aus dem Munde hervorgeht, sondern das schon im Anfang war und das doch Wort ist. Für wen ist es Wort? Für Gott allein in seiner ewigen Gottheit. In ihm ist es das andere Wort, größer als Himmel und Erde, eben jenes Wort, das alles erschaffen hat – das Wort, das Gott in sich selbst spricht. Hier schreit es außerhalb der Welt im Glauben: Es ist das Wort des Vaters, d. h. der Sohn, von ihm in Ewigkeit geboren und gesprochen. Es ist geschehen außer und über der Welt. Person heißt eine Gestalt, wie man sagt: Ein Jurist handelt in der Person des Verklagten, das ist etwas Besonderes und Eigenes. So ist der Vater Person, die den Sohn gezeugt hat, der Sohn aber ist gezeugt. So sind Mutter und Tochter verschiedene Personen ...

So hat man das Wort auf die Gottheit bezogen, um so eine Unterscheidung machen zu können. Person ist der Vater, soweit es um Amt, Werk und Eigenschaft dessen geht, der da gebiert und zeugt. Eigenschaft des Sohnes ist es indes, dass er vom Vater geboren wird, ... und nicht, dass er den Vater gezeugt hat.

Person meint hier, was man jemand als das Besondere zuschreibt, was einem anderen nicht zukommt. Hier kann man kein Gleichnis benützen. Wir müssen einräumen, dass es mit Vater und Sohn im Blick auf Gott sich anders verhält als mit Vater und Sohn in natürlicher Betrachtung. Bei den Kreaturen ist der Mangel bestimmend: Der natürliche Vater stirbt, während der Sohn lebt. Der Sohn ist gleichsam das Gemälde des Vaters. Es wird kein Kind geboren, es muss entweder Vater oder Mutter gleichen. Das Wesen des Vaters kommt hinzu, weil er die Mutter befruchtet. So kommt in Maria ihr jungfräuliches Blut vom Wesen. Die Natur kommt wohl vom Vater und die Kinder geraten gemeinhin nach den Eltern. Es ist so weit abgemalt wie möglich. Der Sohn bekommt ein Stück vom Vater und von der Mutter. Man sagt: Es ist mein Fleisch und Blut. Aber das Wesen in Vater und Sohn wird abgetrennt. Das gibt es in der Gottheit nicht. Die Kreatur muss etwas Geringeres sein als der Schöpfer. Der Vater gibt seinen Samen, damit der Sohn geboren wird. Das ist ein schwacher und geringer Hinweis. Der Vater gibt dem Sohn seine göttliche Natur, sein Wesen und seine Majestät. Nur trennen sie sich nicht, sondern bleiben ungetrennt im Wesen. Das ist in der Natur nicht so, wo der Vater das Wesen trennt, indem er ein Stück behält und ein anderes dem Sohne gibt.

Denken wir also nicht, dass es sich hier um das natürliche Wort handelt. Geht es doch um das Wesen und die Natur, welche der Vater hat, und die er dem Wort von Ewigkeit her mitgeteilt hat.

WA 46, 531ff

Die Botschaft des Simeon

Über Lukas 2,25ff – *30. Dezember 1520*

„Er ist gesetzt, damit sich viele an ihm stoßen und fallen, zu einem Zeichen oder Mal, dem da widersprochen wird." Der Evangelist sagt: „Sein Vater und seine Mutter haben sich verwundert über die Dinge, die da vom Kinde gesagt wurden." Joseph nennt er einen Vater Christi, darum weil er beschreiben will die Geschichte, wie es angesehen, genannt und geachtet ist vor den Leuten. Denn danach verlangt die Historia und die Beschreibung.

Da sie hörten, dass solche Dinge von dem Kind gesagt wurden vorher von den Engeln und Hirten und hier von diesem Simeon, da verwunderte sich über all das das Herz der Jungfrau. Es war wohl auch zu verwundern darum, dass die Jungfrau und Joseph verachtet waren bei den Leuten und für nichts gehalten wurden. Und es war unglaubwürdig, dass von ihr ein solches Kind kommen sollte. Hätte man es aber gesagt von eines Priesters und großen Fürsten Kind, so wäre es nicht so wunderlich gewesen. Danach war es ihr auch darum wunderlich, dass Simeon das Kind in den Arm nahm und redet so große Worte von ihm, dass er wäre ein Heiland, aber ein Heiltum Gottes und ein Licht, dadurch erleuchtet werden sollen die Heiden und eine Ehre des Volkes Israel. Über diese Dinge hatten sie sich wahrhaft verwundert. Denn man muss die Jungfrau ein Mensch lassen bleiben, dass sie nicht alle Ding gewusst und verstanden hat. Dieses Werk ist eben genauso weit von ihrem Sinn und Verstand gewesen wie für andere Leute. Wiewohl es ihr aber wahrhaftig wunderlich gewesen ist, hat sie doch nicht daran gezweifelt, dass alles wahr wäre, was sie von dem Kind gehört hat. Also müssen wir auch ihrem Glauben folgen.

Ich habe gesagt, dass des Kinds Name heiße Wunderlich. Also sagt er im Evangelio von einem Senfkörnlein, das ein klein gering Ding ist und doch so groß wird. Das ist dies Wunderwerk, von dem wir hier reden. Und also muss auch geschehen, dass wir in der Leute Augen und vor uns selbst für nichts geschätzt werden und für ganz verachtet. Wenn das geschehen ist, dann wird man groß vor Gott. Das ist das erste Stück. Das lernt uns, dass wir nicht verzagen, wenn es uns übel geht, wenn uns die ganze Welt tadelt und verschmäht. Dass wir dann nicht denken, Gott habe seine Augen von uns gewandt. Denn es muss wunderlich zugehen, so dass es keine Vernunft verstehen kann.

Wunderlich ist es, dass unter dem Tod das Leben ist, unter der Torheit die Weisheit. Darum müssen wir uns stärken und Mut fassen, wenn es uns also widerfährt. Also sagt David im Psalter: „Wunderbar macht der Herr seinen Heiligen", oder, wie andere übersetzen: „Er hat seinen Heiligen an einen besonderen Ort gesetzt." Denn es ist ein großes Wunder, dass dieses Kind von einer armen, verlassenen Magd soll werden ein König der Welt. Es will sich nicht wohl zusammenreimen, und dies Verwundern bringt mit sich der Glaube. Denn wer es nicht glaubt, der versteht und weiß und sieht es nicht. Und wer es nicht versteht, der kann sich nicht darüber verwundern.

Weiter sagt der Evangelist, dass Simeon hat die beiden, Mariam und Joseph, gebenedeit, d. h. hat ihnen Gutes gewünscht und sie seliggepriesen. Das muss auch noch also bleiben, dass unser Herr Gott die alle tröstet, die da sollen zunichtewerden, mit denen es also wunderlich soll zugehen. Er bedarf wohl der Stärke, auf dass er nicht verzage.

Nun spricht er von dem Kind zu der Mutter, dass es sei gesetzt, dass sich viele Leute an ihm stoßen. Das ist ein schreckliches Wort des Propheten und geht nicht einfach nur geringe Leute an. Denn an dem Kind, dieweil es so klein ist, kann sich die Vernunft nicht stoßen. Dieweil es jedoch in Armut, Elend und Jammer liegt, verträgt es sich nicht mit den gewaltigen großen Hannsen. Darum müssen an diesem Kind offenbar werden vieler Herzen Gedanken. Arme und geringe Leute sehen wohl, dass sie nichts Gutes sind. Die Herzen werden leichtlich offenbar, denn es sieht sie jedermann. Aber die großen scheinenden Heiligen kennt man nicht. Sie werden für die heiligsten Leute gehalten und sind es doch nicht. Drum ist es notwendig, dass ihr Herz und ihre Gedanken offenbar werden, wenn Christus kommt. Darum sagt der Evangelist: „Es werden vieler Herzen Gedanken offenbar werden", aber nicht aller. Christus und seines Völkleins Gedanken und Herz sind bei jedermann offenbar. Denn er geht einfältig daher, dass ein jeder wohl sehen kann, wie es um sein Herz und seine Gedanken steht. Aber auf jenem Haufen ist es nicht also. Darum stößt sich Christus und sein Haufe nicht an sie — sie stoßen sich an Christus. Diesen Spruch verdeutlicht das Beispiel Stephans in der Apostelgeschichte, das wir eben erwähnt haben. Wie die Hohenpriester und Obersten der Stadt Stephano widerstanden und ihn haben steinigen lassen, da er sie wollte zu Sündern machen, indem er sprach, sie hätten ständig dem Heiligen Geist widerstanden und Gottes Sohn getötet. Es ist die Gewohnheit

Christi und des Evangeliums, jedermann zunichte zu machen, wie er selbst zunichte gemacht worden ist. Wenn er nun diese frommen Leute angreift und erklärt, dass ihre Frömmigkeit nichts sei, so können sie es nicht leiden. So fällt dann alle ihre Frömmigkeit hinweg und sie lassen jedermann sehen, welche Gedanken sie im Herzen haben. Da sieht man, dass es eitel blutige Herzen sind und dass sie dürsten nach Blut und Leben der wahrhaft von Grund auf frommen Leute. Also muss das Kind und alles, was an ihm hängt, verachtet sein, ja auch die Wahrheit selbst. Die Großen können die Kleinen nicht leiden. Und die als die Frömmsten erscheinen, sind die Ärgsten, wie die Geistlichen die Fleischlichsten sind, was jetzt am Papst, an den Bischöfen und den Pfaffen sichtbar wird. Drum ist das Evangelium nicht schwer, wenn wir uns selbst ansehen: Die Frommen leiden es, die Schalke leiden es nicht.

Er spricht vornehmlich von dreierlei Leuten, die überall auf Erden leben: Die Ersten fallen, die anderen stehen auf, die Dritten widersprechen. Die Ersten sind, welche sich an der Wahrheit ärgern, davon ablassen und sich nicht mehr darum kümmern. Die anderen sagen im Herzen wie Daniel: „Alles, was du uns getan hast, hast du uns in gerechtem Urteil getan." Oder wie Job: „Der Herr hat es gegeben, der Herr hat es genommen, sein Namen sei gebenedeit." Sie stoßen sich nicht an der Wahrheit, sondern bessern sich dran, loben Gott und werden frommer als vorher ... Die Dritten sind große Hannsen, die sich mit Gewalt widersetzen und mit List und Kunst versuchen, wie sie die Wahrheit dämpfen können. Sie haben nicht genug damit, dass sie sich dran ärgern, sondern wollten gern die Wahrheit ganz zu Boden stoßen und niederdrücken, damit die ganze Welt von ihr abfiele. Diese tun zweierlei Sünde, dass sie darwider streben, und dass sie mit ihrem Widerstreben nicht Unrecht tun und keine Sünder sein wollen. Dagegen geht die Schrift am meisten an, da steckt der Bock in den Dornen. Die Schrift und das Evangelium gehen leicht mit offenen und groben Sündern um, wie Christus dies mit Magdalena und den Zöllnern getan hat. Aber mit den großen Heiligen konnte er nicht auskommen. Wo immer er auf sie stieß, nannte er sie „reißende Wölfe in Schafskleidern".

Nun kann aber niemand aufstehen an dem Herrn Christo, es sei denn, er lasse sich stoßen, strafen, unterdrücken und zunichte machen. Die Wahrheit soll niemand sich nehmen lassen. Das aber ist die Wahrheit, dass ich sage, dass wir nichts sind, vornehmlich im geistlichen Recht. Über der rechten, göttlichen Wahrheit muss ein jeder sterben und den Hals dran setzen, dass wir nichts sind, wie Christus nichts ist.

Nun folgt, wie Simeon zu der Jungfrau sagt: „Es wird durch deine eigene Seele ein Schwert des Schmerzes gehen." Da die Jungfrau gesehen hat, dass man ihr Kind so unschuldig mit Gewalt verdammt hat und ihm so großes Unrecht geschah, da hat es ihr im Herzen … weh getan. Also geschieht es auch in den Herzen der Christen, wenn sie sehen, dass die Wahrheit zu Boden gestoßen wird, und sie können es nicht verhindern. Dann geht es ihnen durch die Seele und es bleibt nichts anderes als die Klage. Das ist das Schwert, von dem der Prophet hier weissagt. Dies Schwert ist umgegangen, da Christus verfolgt wurde, vor allem in der Zeit des Martyriums. Gegenwärtig geht es nimmer. Wir haben ein anderes Schwert erdichtet und gepredigt von den sieben Schmerzen, die die Jungfrau Maria getragen hat, und nichts anderes ist draus geworden als Abgötterei.

Nun zum Beschluss: Wie wir gehört haben, hat Simeon gewartet auf den, der dem Volk Israel Trost und Freude bringen sollte, genau wie später die Apostel gewartet haben auf seine Auferstehung. Also müssen wir auch rufen und schreien, dass er komme, helfe und uns tröste und lasse den jüngsten Tag bald kommen, auf dass wir von der Gewalt des Teufels auferstehen und von dem Verfolger der Wahrheit erlöst werden. Amen.

WA 9, 537ff

Die Beschneidung der Herzen

Fest der Beschneidung des Herrn 1521

Ihr habt im Buch Mose (1 Mos 17,10ff) gehört, wie die Weise der Beschneidung von Gott eingesetzt worden ist. Er hat ein Gebot erlassen, das in den Augen der Menschen und der vernünftigen Leute närrisch erscheint, und das besonders jetzt wunderlich und seltsam wirkt, weil es aus dem Brauch gekommen ist. Wenn es noch Gewohnheit wäre, kümmerte man sich kaum darum. Gott hat es aber allein darum eingesetzt, dass er die Vernunft niederstoße, der es närrisch erscheint. Es wäre der Vernunft auch lächerlich, wenn man die Leute taufte, wenn dies nicht der Gewohnheit entspräche. Dies ist ein historisches Urteil.

Nun wollen wir von der Bedeutung des Gebotes hören. Es war Abraham von Gott zugesagt, dass aus seinem Fleisch und Blut der Samen kommen sollte und das Kind, in dem die ganze Welt gebenedeit wurde. Als Zeichen dieser Zusagung ist die Beschneidung eingesetzt, als ein Siegel der Verschreibung. Denn er schreibt mit lebendigen Buchstaben lebendige Worte und siegelt mit lebendigem Siegel. Nun hat das Zeichen aufgehört, nachdem Christus gekommen ist. Denn wenn geschieht, was verschrieben ist, gilt das Siegel nicht mehr. Nun hat das Zeichen der Beschneidung nichts anderes bedeutet, als dass wir alles abschneiden sollen, was fleischliche Geburt ist. Dazu muss man ein steinernes Messer haben, d. h. durch Christus wird abgesondert die Vorhaut, die Erbsünde. Darum bedeutet das steinerne Messer die Predigt von Christus, durch den man alles dämpfet, was im Fleische böse und Sünde ist. Dies geschieht durch den Glauben, wie Jesaja (Jes 11,5) sagt: „Der Glaube wird sein ein Gürtel seiner Nieren." Gottes Wort ist rein, gerechtfertigt, wahrhaftig und sanftmütig. Wenn es ins Herze fällt durch den Glauben, bringt es auch mit sich alle Tugend. Darum ist es nicht möglich, dass man die Bosheit dämpfen kann, es sei denn durch den Glauben: Mit dem Wort beschneidet man das Herz. Es gibt zweierlei Beschneidung, von der Jeremias sagt: „Dieses Volk ist leiblich beschnitten, hat aber unbeschnittene Ohren" (Jer 6,10), und Stephanus nennt Apg 7,51 die Juden „unbeschnittene Herzen". Die leibliche Beschneidung ist nur eine Figur der geistlichen und innerlichen, und wo nicht das Herz beschnitten wird, ist die äußerliche Beschneidung nur Gleißnerei und zu nichts nutz.

2. Die Beschneidung soll geschehen am achten Tage. Das bedeutet, dass wir nicht eher rein werden denn zu der Auferstehung am jüngsten Tag. Dann wird Jammer, Sünde und Pein, Tod und Hölle von uns abgesondert werden. Indes, es gibt kein Aufhören des Beschneidens. Wir müssen von Tag zu Tag reiner und reiner werden. Dies ist eine geistliche Beschneidung, die wir im Neuen Testament begehen.

Die Beschneidung tut aber weh und ist voller Schmerzen. So wie jene Schande und Schmerzen mit sich brachte, so muss es diese auch mit sich bringen. Es muss wehe tun. Der alte Adam muss herhalten und zuschanden werden, genau wie die Beschneidung an einem schändlichen Ort geschah. Die Schande tut ja auch viel weher als der Schmerz. Es kann der Mensch nichts Übleres erleiden, denn wenn man ihn vor der Welt zuschanden macht, dass jeder meint, er habe es wohl verdient.

3. Soll uns nun die Schande nicht wehe tun, so müssen wir Kinder werden.

4. Es müssen aber Menlin sein, das ist ein männlich und starkes Herz haben, dass wir es dulden mögen. Denn die Schande kann niemand tragen, denn der einen männlichen Mut hat, das ist, wer einen starken Glauben hat. Also wiederum ein Weiblin bedeutet in der Schrift ein weiches Gemüt, das ist einen Unglauben. Darum hat Gott im Alten Testament geboten, dass man ihm nur Menlin opfert, also will Gott, dass ihm allein Menlin zugeeignet werden. Aber auch der Teufel tut genau wie im Exodus berichtet wird (1, 22), da Pharao die Menlin alle ins Wasser werfen und ertränken ließ.

5. Das letzte in der Beschneidung ist, dass man dem Kinde einen Namen gibt. Ehe dann ein Mensch beschnitten wird durch den Glauben, wobei er den alten Buben auszieht, so lange hat er vor Gott keinen Namen. So spricht Gott: „Ich kenne euch nicht" (Lk 13,2f). Und St. Paulus spricht Röm 2,25 von zweierlei Beschneidung des Buchstabens und des Geistes, und er spricht von der geistlichen Beschneidung, „deren Lob aus Gott ist". Der hat von Gott einen Namen, der im Geist beschnitten ist.

6. Der Name heißt Jesus, ein Heiland und Kind der Seligkeit. Diesen Namen bekommt ein jeder, der beschnitten ist. Er ist jedem ein Heiland, der mitten in allen Nöten helfen kann. Christus errettet und hilft uns aus allen Nöten, aus Sünde, Tod und was uns anliegt und weh tut. Also werden alle Heil und Seligkeit erlangen, die da an Christus glauben.

7. Diesen Namen hat der Engel zuvor verkündigt, ehe denn das Kind empfangen war, sagt der Evangelist. Das ist der Trost, den wir haben, dass Gott diesen Namen verordnet hat, ehe wir

geboren werden. Das ist, dass nichts vergebens geschehe, das wir leiden. Denn es wird niemals an Verfolgung fehlen, wenn wir nur drauf sehen. Der große Verfolger ist der Teufel, der greift die Seele an. Es ist besser, wenn wir von den Leuten verfolgt werden. Nun weil es im Leiden geht, scheint es, als hätten wir keinen Namen, als kenne Gott uns nimmer. Wenn wir aber durchhalten, so kommt der Name als Erster hervor, wenn wir uns nur auf Gott verlassen. Denn Christus hat uns gesagt (Lk 10,20): „Eure Namen sind im Himmel aufgezeichnet." Darauf sollen wir uns mit Fleiß bereiten. Denn es wird vonnöten sein in den großen Versuchungen des Todes und der Hölle.

8. Nun hat der hl. Geist eines ausgelassen: Wer nämlich das Kind beschnitten habe. Er sagt einfach: „Da die acht Tag erfüllt waren, dass man das Kind beschneiden sollt, hat man ihn Jesus genannt." Das zeigt an, dass die, die da beschneiden sollen, keinen Namen haben. Wir sollen's nicht wissen, das ist, wir müssen uns keine eigene Weise erwählen, durch die wir fromm und rein werden. Gott schickt uns allezeit solches zu, das uns nicht gefällt, und wir sprechen: Ei, das gefällt mir nicht, ich will ein anderes. Ehe wir es gewahr werden, haben wir es am Hals, schlägt von daher zu, von wo ich es nicht erwarten kann. Wenn wir es sähen, wo es herkäme, würden wir beiseitetreten und ausweichen. Das ist die rechte Weise und die rechten Werke, damit wir das Fleisch dämpfen, die uns Gott wider unseren Willen zuschickt. Durch unser erlesenes Werk lässt sich der alte Adam nicht töten. Dies Ding betrügt viele Leute, die da meinen, das Fleisch mit ihren Werken zu martern, und hilft doch nichts. Wer sich selbst martert, der hat allezeit Gewalt aufzuhören, wenn es ihm gefällt.

Wenn aber Gott kommt, muss er aushalten, so lange wie Gott will. Dies hat er getan in den Zeiten der Martyrer. Ihnen schickte er Verfolgung von bösen Leuten um des Evangeliums willen, die da nicht aufhörten, wann die Heiligen wollten, sondern wann sie wollten. Als Christus zu Petrus sagte (Joh 21,18): „Es wird einer kommen, der wird dich anbinden und dahin führen, wo du nicht hinwillst." Sagt nicht, diese oder jene Weise, dieses oder jenes Werk wird's tun, sondern nennt keinen nicht, will nicht, dass er es wissen soll. Das ist die Meinung des Evangeliums.

Das Narrenwerk, mit dem man das Neue Jahr zu begehen pflegt, will ich hier auslassen. Wir haben ein Neues Jahr bekommen in der Taufe. Da lasst uns zusehen, dass wir es behalten, wir bedürfen keines anderen mehr.

WA 9,544ff

Die zwei Könige:
Herodes und Christus

Über Matthäus 2,2 – *Dreikönig 1521*

Der Evangelist Matthäus spricht: „In den Tagen Herodis, des Königs usw." Mit diesen Worten bekundet er, dass für ihn die Prophetie Jakobs (Gen 49,10) erfüllt war, die da lautet: „Der Zepter wird nicht weggenommen von Juda, bis dass da kommen wird, der gesandt werden soll, und er wird sein eine Erwartung der Heiden." Da nun Herodes, der Fremdling, regierte, war es ein Anzeichen dafür, dass Christus als der rechte König kommen sollte, wenn Gott den König Herodes nicht bis zum Ende regieren ließ. Christus war gerade geboren, damit die Weissagung erfüllt würde. Nun, meine allerliebsten Kinder, nehmt mit Fleiß acht auf diese zwei Könige, nämlich auf den natürlichen König Christus und auf Herodes, der mit dem Schwert war eingesetzt. Darum gebührt Christi allein das Reich als dem natürlichen Erben aus dem Geschlechte Juda. Diese zwei Könige wollen wir gar schön mit ihren Farben herausstreichen.

Herodes war nach außen ein mächtiger König, erfolgreich im Streit; wohin er auch schlüge, ging es ihm wohl vonstatten. Er war weise, vernünftig, mächtig und reich in auswendigen Händeln, aber inwendig in seinem Haus, da war er ganz gebrechlich. Da also hatte er kein Glück, wiewohl er eine hübsche Hausfrau besaß und schöne Kinder. Aber wahre Liebe und Gunst gab es in seiner Umgebung nicht, so dass er seine Hausfrau, seine Schwester und Kinder metzgert wie das Vieh. Selbst Kaiser Augustus soll gesagt haben, bei Herodes wolle er lieber Sau im Stalle (die Juden aßen kein Schweinefleisch!) als Sohn im Hause sein. Also war Herodes auswendig glücklich, inwendig aber ganz unglücklich.

Christus, unser rechter König hingegen, war auswendig ganz elend, arm, verachtet und verworfen – inwendig aber ganz voll von aller Freude, Trost und Mut. Nun müssen wir darum fechten, dass uns der Herodes – auswendig in der Welt ganz glücklich – nicht hinwegnehme den rechten, ganz gnädigen König Christus, wiewohl er als ein elendes, armes Kindlein in dem Kripple liegt. Wir müssen dahin kommen, dass wir die zwei so grundverschiedenen Könige auf Anhieb erkennen und verstehen.

Dabei ist zu merken, dass der Mensch zwei Naturen hat, nämlich Leib und Seele, in denen er fromm muss sein. Nach dem Leib allein fromm werden hat dabei eine andere Weise. Darum bemühen sich, die da viel tun und wirken, beten und fasten, und dies außerhalb des rechten Glaubens und ohn' Zuversicht zu Christus. Zu ihnen gehören, die da allein vom Gesetz singen, sagen und predigen und führen die Menschen allein in viel Werke, darauf sie ihre Hoffnung setzen und meinen, also fromm zu werden, wie die hoffärtigen Heiligen, die Groß-Täter und Teufels-Martyrer. Sie allesamt sind des Herodes Volk, als da leider sind die meisten Vertreter im geistlichen Stand, die Gott mit ihren hübschen Werken den Himmel wollen abgewinnen. Diese Gleißner haben allesamt ein großes Ansehen vor der Welt, als seien sie allein die Gerechten und Frommen, und sind sie also auswendig glücklich, sofern es fein scheint vor der Welt. Aber inwendig geht es ihnen wie dem

Herodes. Denn in ihrem unruhigen Gewissen ist nichts denn Jammer, Angst und Not und nagend Gewürm. Da ist kein Friede, kein fröhliches edles Gewissen, sondern wie David schreibt Ps 14,3: „Verwüstung und Unglück ist auf ihrem Weg." Sie wissen nicht um die Huld Gottes und wie sie mit Gott dran sind. Sie trauen Gott nicht. Darum haben sie ein böses Gewissen, und ihre Seele hat inwendig lauter Unglück wie Herodes in seinem Haus.

Darum gilt: Wollen wir selig werden und ein lauter, fröhliches Gewissen haben, dann müssen wir die Art des Königs Herodes ablegen und uns für den anderen König Christus entscheiden. Das heißt, dass wir uns nicht unterstehen, aus den Werken fromm zu werden oder unsere Hoffnung in sie zu setzen, sondern allein uns in unser Herz einbilden den gütigen König Christus, der da kommt ohne allen Pomp. Als die lieben heiligen Drei Könige auf aller Menschen Werk und Hilfe verzichteten und also im Vertrauen auf Gott und Gottes Wort beim Propheten (Mich 5,2) sich nach Bethlehem aufmachten, da sahen sie den Stern wieder. Also sprach auch Paulus zu den Juden in der Apostelgeschichte (13,38f): „Ich verkünde euch, liebe Brüder, dass euch Ablass der Sünden durch Christus verkündet wird. In dem Gesetz des Mose könnt ihr nicht gerechtfertigt werden. Sondern ein jeglicher, der da glaubt an Christus, der wird gerechtfertigt." Also spricht auch Habakuk 2,4: „Der Gerechte lebt allein in seinem Glauben." Nun merkt, das war eine stolze, große Rede und ein hartes Wort für die stürmenden Köpfe. Wahrlich, Paulus tut hier das Maul weit auf, da er spricht: Das Gesetz hat nicht die Kraft, euch selig zu machen. Denn der Mensch wird nicht fromm, wenngleich er die Gebote Gottes hielte, und wenn er bereits kein Dieb, kein Ehebrecher und Totschläger mehr wäre. Durch all das wird er nicht fromm, es sei denn, er hat ein gutes Vertrauen in Gott gefunden. Solange er nicht weiß, ob er einen gnädigen Gott hat oder nicht, zweifelt er immerzu und weiß nicht, ob es Gott angenehm ist. Darum wird er nicht selig. Selig werden nur die, die da glauben an Christus als ihren Seligmacher. Dann aber merkst du, Gott zieht die Hand nicht weg, er hält fest, was er uns zusagt. Wer diesen Heilmacher also im Herzen durch den Glauben ergreift und in sich bildet Gottes Verheißung (Joël 3,5), der Mensch hat ein fröhliches Gewissen. Darum lobt David die Güte Gottes (Ps 117,1f), als wollte er sagen: „Er hat ein beständiges Regiment über uns errichtet, nämlich Vergebung der Sünde, Gnade und Barmherzigkeit zum ewigen Leben."

Dabei lehrt man zugleich das rechte Reich Gottes. Denn wer Gott beständig anhängt, der wird auf diese Weise fromm. Darum ist es ein großer Jammer, dass die Propheten so viel geschrieben haben von der Barmherzigkeit Gottes ..., wir aber leider so faul sind, all das zu übergehen. Wahrlich, liebe Kinder, es ist ein gnädiges Reich, in dem nicht Gold, Silber oder zeitliches Gut uns zum Geschenk gemacht werden, sondern ein fröhliches und sicheres Gewissen wider die Sünd, wider Tod, Teufel und Hölle. Solch fröhliches Herz erlangen nicht die Athleten dem Werke nach, sondern all die, die Gott vertrauen im Glauben und die sich mit ihm begnügen, gleichgültig wie viel Unglück sie auswendig erleiden müssen. Also muss man in Christo anfangen, will man fromme Leute machen. Dabei muss man nicht weit hin und her laufen gen Rom, Ablassbrief kaufen, oder gen St. Jakob oder gen Aachen und St. Wolfgang. Der Herr spricht im Johannesevangelium (Joh 6,29): „Das ist das Werk, dass ihr an ihn glaubt, den der Vater gesandt hat." Es hilft dir alles nichts, wenn du auch den Papst mit all seinen Bullen auffrisst und verschlingst oder fastest dich toll und töricht – es ist doch alles vergebens, wenn du dir nur nicht vorlügst, dass du fromm bist. Das aber geschieht nur, wo du an Christus und seinen allerliebsten und getreuesten Vater glaubst, der da bereit ist, dich zu trösten und dir zu helfen in allen Widerwärtigkeiten des Kreuzes.

All das folgt gleich im Evangelium. Sobald nun Christus geboren wird, d. h. sobald man predigt, dass wir nicht fromm werden aus unseren Werken, sondern allein aus dem Glauben an Christus, wie Paulus zu den Römern (Röm 3,28) und zu den Galatern (Gal 2,16) spricht, also bald wird das Herodes-Volk betrübt und erschrocken. Denn es mag und kann nit erleiden, dass die Werke uns nicht sollten selig machen. Darum werden sie wütend und ungeduldig und kommen mit ihrem Donner und Blitzen des Bannes und wollen Christus, das ist die rechte Predigt von ihm, töten und zur Ketzerei machen. Ei, was ist geschehen, dass sie sich so wild stellen. Ja, böse Päpste, Bischöfe, Prälaten und Pfaffen können das in keiner Weise ertragen, da sie sich sagen: ‚O, sollt denn unser Ding nichts sein!' Sie wollen nicht Unrecht haben. Drum werden sie betrübt, sobald das rechte Evangelium gepredigt wird. Dabei rührt es vor allem die großen Hannsen an, die sich plötzlich sorgen, ihr Ding könnt untergehen. Darum lehren uns viele unserer Vorsteher nichts anderes als die vielen Werke. Vom Glauben wissen sie nichts, und trotz größter Anstrengung gelingt es ihnen nicht, auch nur ein betrübtes Herz zu stärken und fröhlich zu machen. Also wenn man anders predigt, dann werden sie zornig. Denn sie befürchten, es könne ihnen an ihrem Bettelsack abgehen. Denn so das Volk recht lernte, dass die Werk nicht selig machen, so würde man den Papst mit all seinen Schreibern wohl zufriedenlassen. Pergament, rote Schnür, Wachs und Siegel und dergleichen Gauklerei würden ihren Wert verlieren, den sie in Rom haben. Auch würde man ihnen so leicht nicht mehr abkaufen die Butter- und Ablass-Briefe. Wo aber dies dann geschieht, wie es geschehen sollte, dass wir uns allein an die Taufe hielten, würde es dann viel magerer zugehen ohne des Papstes Regiment und Hof ... Von daher hebt sich dann der Streit, dass Herodes sich untersteht, Christus mit falschem Herzen anzubeten, obgleich er ihm doch den Hals abstechen will. Also wollen die falschen Doctores Christum anbeten und sie wollen, dass man ihn predige. In Wirklichkeit aber lügen sie und erwürgen das liebe Kindlein, sofern sie die Wahrheit – das ist Christus – unterdrücken und den Glauben auslöschen. Das aber ist das allerböseste, dass sie unter Christi Namen ihre verdammten Dekrete und Menschengesetze predigen, mit denen sie die Evangelische Lehre vernichten wollen. Und darum, liebe Kinder, hütet euch vor den betrügerischen herodischen Predigern. Sie sind leicht zu erkennen. Denn des Papstes Regiment und Christi Reich sind gleich ganz wider einander, wie Wasser und Feuer, wie Teufel und Engel.

Man soll den Baum erkennen an seiner Frucht. Trägt der Baum Schlehen, soll man ihn nicht als Feigenbaum bezeichnen. Handelt der Papst wider göttliche Schrift, so nennt man ihn einen Endchrist, das ist jemand, der wider Christus handelt. Die zwei Reiche kommen nicht überein, wenn des Papstes Regiment gegründet ist auf viel Wirkung, Christi Reich aber allein auf den festen Glauben. Drum will ich mich entschuldigt haben, seht euch wohl vor und lernt Christum recht verstehen. Es geht nicht um die Werke, sondern allein um das heilige

Wort des Evangelii, um Glauben und Zuversicht in Christum ... Denn das soll das allervornehmste, edelste Werk eines christlichen Menschen sein, dass er seinem lieben Christo traue und ihm glaube. Wer ein anderes lehrt, der lügt, gleich wie Herodes Christus anbetet. So wir nun aber das einzige Werk des Glaubens recht wohl haben, müssen wir auch wirken, fasten, beten, arbeiten und zur Kirche gehen ..., welche Werk ich nicht darum tue, dass ich wollte fromm werden oder etwas im Himmel verdienen, sondern allein darum, dass ich den faulen Esel auf Trab bringe. Denn der alte Adam will, dass man ihn treibe ..., auf dass er geht, wie die Seele geht. Und das soll allein die Meinung sein, gute Werke zu tun, nämlich dass wir das geile Fleisch der Ordnung unterwerfen.

Zum anderen geht es aber auch darum, dass wir unserem Nächsten dienen, wovon die Prediger des Herodes oder die Boten des Papstes gar nichts sagen, sofern sie in der Predigt allein von den Werken sprechen und behaupten: „Wenn du einen Altar stiftest, Psalter und Rosenkränze betest, kannst du nicht verloren gehen!" Wer aber hat dich das gelehrt? Nicht Christus, sondern der wütige Teufel. So man nun aber das verwirft, kann und will man es nicht leiden. Denn wo die Küche will mager werden, fangen sie an zu murmeln und zu schreien: „O, der will uns lehren! Er verführt das Volk, er verwirft Brüderschaften, Wallfahrt und andere gute Werke. Er ist der Teufel, ins Feuer mit ihm!" Also musste Christus, die Wahrheit selbst, an das Kreuz, als ob er ein Mörder wäre. Wahrlich, liebe Kinder, es ist gegenwärtig eine sehr gefährliche Zeit in der Welt. Es ist sehr notwendig, dass der, der auf die Kanzel will gehen, das lautere Evangelium zu verkünden, vorher mit dem Sakrament versehen wird. Denn Gottes Wort greift die Hohen an, wider die man mit Gewalt predigen muss. Will man Christum recht einpflanzen in die Herzen der Christenmenschen, so muss man vorher mit Ernst ausreißen und ausgraben den Papst und sein Regiment ... Sobald man das tut, will man uns steinigen, töten und verbrennen. Nun wohlan, wir sollen uns nicht für frömmer und besser erachten als die Propheten und die Apostel Christi, die alle eines schändlichen Todes der Wahrheit wegen haben sterben müssen. Darum muss es nun wahr sein, dass ein jeder rechter Evangelischer Prediger muss mitten unter den Wölfen wandeln und alle Stund gegenwärtig sein des Kreuzes und des grimmen Todes (Mt 10,16). Denn, liebe Kinder, viel besser ist es, eine Stunde in diesem zeitlichen Feuer zu brennen um der Wahrheit willen, denn ewig zu brennen mit denen, die unter dem Deckmantel geistlicher Gewalt Christum wollen vertreiben. Darum seid beherzt und starkmütig, ihr Prediger. Sagt unerschrocken die Wahrheit, sprecht zu den Kleinmütigen. Seid stark und nehmet wahr, dass Gott gegenwärtig ist. Also muss das Evangelium gepredigt werden, dass wir nicht durch die Werke selig werden, sondern allein durch den Glauben (Joh 3,16; 5,24; 6,40).

Also habt ihr für gewiss, dass allein der ein Christenmensch ist, der da Christo glaubt ... Und dass allein das ein gutes Werk ist, das da kommt und fließt aus einem rechten und gläubigen Herzen. Also gilt ein Streich eines Dreschers in der Scheune genauso viel vor Gott wie ein Psalter, von einem Karthäuser gesungen. Darum können wir den himmlischen Vater durch kein Werk versöhnen oder ihm gefallen denn allein in diesem, das ihm gleich ist, das ist Christus, so wir ihn dem Vater vorhalten und glauben, er habe uns erlöst und selig gemacht. In ihm allein werden wir erhalten. Denn diesen edlen, allerkostbarsten

Schatz Christus Jesus will der ewige Vater nicht verwerfen. Alle anderen Werke sind darum nichts. Und wenn du schon einen Tempel aus Smaragd bis in den Himmel bautest, so gefiele es ihm nicht ... Er will nichts, denn dass das Herz seinem Wort anhange und nicht zweifele an Christus. Zu welchem Christus uns nichts kann führen denn der Stern, das ist das Wort des Evangeliums, nicht des Papstes Dekret. Also schreibt Paulus an Titus (Tit 2,11 etc.): „Die Menschwerdung und Güte unseres Heilandes ist nicht erschienen aus unseren Werken", auf dass wir hinwegwerfen das unchristliche Wesen, d. h. unser Misstrauen, so wir Christo nicht glauben. Also lehrt uns Paulus, dass wir erst müssen glauben und dann fromm leben.

O liebe Kinder, lasst uns Gott ernstlich bitten, dass er uns wieder sein lebendiges Wort zuschicke und seinen Zorn abstelle und dass wir nicht so hängen in der Menschen Gedicht. Gott will im Übrigen gebeten sein. Darum hat er uns im Vater unser gelehrt: „gib uns unser täglich Brot" und verleih uns rechte Evangelische Prediger, die sich auch vor den Wölfen nicht fürchten, die Wahrheit zu sagen. Also hat Paulus in all seinen Episteln darum gebeten, dass man Gott bitte um das himmlische Brot des rechten Gotteswortes, und dass man es fröhlich sage dem armen, unkundigen Volk, unangesehen, ob es Papst, Bischöfen oder Pfaffen gefalle oder nicht. Und ob wir schon im Einzelfall müssen den Hals dran geben, liegt nicht dran, es ist noch nie ein Prophet (wenige ausgenommen) mit Ruhe gesessen, er hat den Hals müssen dran strecken. Es ist auch noch nie besser in der Kirchen gestanden. Denn wenn da viel Prediger erwürgt wurden um des Wortes willen, wenn man also einen erschlug, so stünden zehn für ihn auf und schrien genau so laut wie der, den sie erwürgten. Und wenn wir gegenwärtig allesamt in Ruhe wollten sitzen unter guten Freunden und nicht unter den Wölfen, dann machten wir die Worte Christi zunichte, der gesagt hat Matthei am zehnten (Mt 10,21f): „Ihr werdet verachtet und verworfen von den Menschen." Das wäre ein Zeichen, dass wir nicht im Regimente Christi sind und auch nicht sein Wort predigen, das die großen Hannsen verdammen und verfolgen, sondern dass wir schweben über die Ohren im Reiche des Herodes. Gott der Herr verleihe euch und allen seinen Geist, dass wir in seinem verachteten Regiment und in seinem Wort gestärkt erfunden werden. Amen.

WA 7,238ff

Das lebendige Evangelium

Dreikönig 1521

Dieses Evangelium habe ich oft erklärt. Aber es entspricht seiner Eigenart, dass man niemals genug darüber reden kann. Darum wollen wir es wiederum vornehmen. Im Grunde begeht man heute dreierlei Fest nach den drei Geschichten. Das erste ist, wie die Könige dem Kind geopfert haben. Das andere knüpft an an den Bericht (Mt 3,13ff), wie Jesus von Johannes getauft worden ist. Das dritte folgt dem Bericht (Joh 2,1f), wie Christus aus Wasser Wein gemacht hat. Um der drei Geschichten willen nennt man dieses Fest auf Griechisch insgesamt Epiphania, d. h. Erscheinung des Herrn.

Von den ersten zwei Geschichten wollen wir jetzt sagen. Zum Ersten sehen wir, wie die Magier den Stern zum Führer gehabt haben und wie sie ihm auch gefolgt sind und so zum Kind gekommen sind und es erkannt haben. Dasselbe müssen auch wir tun, wenn wir das Kind finden wollen.

Es ist im Orient der Brauch gewesen, dass die Erstgeborenen vor allen anderen Kindern den Vorteil hatten, dass sie Herren wären und auch Priester. Nach der Gewohnheit nannte man solche Männer Magier. Sie hatten Leute unter sich, die sie weltlich und auch geistlich regierten. Dabei lehrten sie das Volk auch von göttlichen Dingen. Diese Magier also haben den Stern gesehen, sind ihm gefolgt und haben Christus gefunden.

Der Stern bedeutet das heilige Evangelium. Denn wir könnten nicht zu Christus kommen, es sei denn, das Evangelium weist uns den Weg. Denn als Christus auf Erden war, oder wenn er wieder käme, so sähe man ihn dennoch niemals für den an, der er ist. Man muss vielmehr die Augen schließen und allein mit den geistlichen Augen schauen. Sieh, welch ein großer Unterschied hier besteht: Sein eigenes Volk, die Juden, die da die Schrift lasen und verstanden, sind trotzdem nicht zu ihm gekommen. Die Magier aber aus fernen Landen, die doch keine Juden waren, haben ihn gefunden. Dies bedeutet, dass es nicht genug ist, nur die Schrift zu kennen, um Christus zu finden. Wir müssen den Stern vielmehr sehen und ihm folgen, das ist, das lebendige Evangelium im Herzen fühlen. Es ist ein großer und starker Glaube gewesen in den Magiern, dass sie sich nicht haben bewegen lassen durch all die Aufregung und das Gepränge, zu dem es in Jerusalem kam. Sie waren zunächst der Meinung, dass sie ihn dort fänden. Dann aber mussten sie ihn an einem anderen geringen Ort suchen.

Man sagt gerne, dass sich die großen und weisen Leute eigentlich nicht irren, so dass man sich nach den heiligen, frommen Leuten und nicht nach dem gemeinen Haufen richten soll. Hätten sich die Magier auch an das Gepränge gehalten, so hätten sie Christus gewiss verfehlt. Es will sich nicht zusammenreimen das Königreich des Herodes und Christi Krippen: Die menschliche Vernunft sucht ihn nicht im Stall. Sie kann nicht glauben, dass der König allhier liege in solcher Dürftigkeit und Armut. Einen solchen Glauben sollen wir auch haben. Denn es muss mit uns genauso zugehen, wie es mit den Magiern gegangen ist. Christus hält bis auf den heutigen Tag sein Reich in solch geringen Leuten. Gott der Herr stellt uns allezeit vor diese zwei Formen: Die eine ist die der großen und scheinenden Heiligen (d. h. die als solche in die Erscheinung treten), die andere ist die der geringen Person, die da alle Welt für nichts achtet. Darum muss es auch noch heute ein großer, unmenschlicher Glaube sein, der da glaubt, dass Christus in der Krippe liegt. Wir müssen auch genauso werden, d.h. allein nach dem denken, das da klein und gering ist. Wer das nicht tut, der muss an Christus anlaufen, wie man das gegenwärtig sieht, wo sich fast jedermann an Christus ärgert.

Zum anderen schreibt Matthäus, dass die Magier vor dem Kind niedergefallen sind und es angebetet haben als einen Herrn, als einen Gott und als einen Menschen. Den Glauben haben sie dabei bekannt mit dreierlei Gaben, die sie ihm geopfert haben. Durchs Gold haben sie ihn bekannt als einen König und Herrn, durch den Weihrauch als Gott, durch die Myrrhe als einen sterblichen Menschen. Denn das Gold pflegen die Könige zu tragen, Weihrauch braucht man allein zum Gottesdienst. Mit Myrrhe aber hat man den Leichnam der Toten gesalbt. Darum soll man das Opfer, das die Magier gebracht haben, nicht so auslegen, dass sie gedacht hätten, sie wollten dem Kind etwas geben, das es gebraucht hätte. Nein, es ist allein eine Bekundung des Glaubens gewesen, den sie von dem Kinde hatten. Es ist dasselbe, wie wenn ein Herr eine Münze schlagen lässt, die man ihm geben muss, wenn man sich zu ihm bekennen will.

Dieses Opfer und dieses Bekenntnis müssen wir Christo auch erbringen und erzeigen. Das Gold ist das goldene Bekenntnis zum Reich, mit dem man Gott zahlt. Damit bekennen wir, dass Christus unser König sei, d.h. dass er Macht über uns habe und uns regiere in allen Stücken und zu aller Zeit: unabhängig davon, ob es uns übel oder gut geht. Wer aber sind die, die dieses tun? Es muss ein gar gelassen Herze sein ... Wenn es aber zum

Stechen kommt, kehren wir uns doch von ihm ab. Darum gilt: Alle, die Gott nicht bekennen, wenn es ihnen übel geht, die opfern Christus das Gold nicht; viel weniger die, die da Gott fluchen und sagen, ihr Unglück käme ihnen vom Teufel her. Wenn wir nun in diesem Glauben stehen, dass wir wissen, dass er uns in allen Stücken regiere, müssen wir das andere Stück des Glaubens auch haben und ihm den Weihrauch opfern, d. h. bekennen, dass er unser Gott sei, d. h. dass er uns in allen Nöten helfen wird und uns beisteht mit allerlei Gütern. Dagegen aber verstoßen wir, wenn wir bei einer anderen Kreatur Hilfe suchen und unser Vertrauen dann auf sie setzen.

Das dritte Stück des Glaubens ist, dass man Christo die Myrrhe opfert, d. h. dass man glaubt und bekennt, dass er ein sterblicher Mensch ist und doch unsterblich gelitten hat, sofern er gestorben und wieder aufgestanden ist, ohne die Verwesung zu erfahren; und dass auch wir durch den Tod von allen Sünden müssen gereinigt werden und auch auferstehen ins ewige Leben.

Dies ist fast der höchste Grad des Glaubens, dass wir glauben, Christus habe durch sein Sterben auch für uns Sünde, Tod und Hölle weggenommen. Dies ist dann unsere Stärke wider allen Unglauben und alle Lästerung im Sterben.

Darum hat Matthäus das Stück auch dazugetan, obgleich er es sonst vorzieht, Christus nur in seiner Menschheit zu sehen. Denn auch der Prophet David gedenkt der Myrrhe nicht, wo er dieses Opfer voraussagt. Hierin besteht die große Stärke, dass man im Leiden, in dem der alte Mensch sterben soll, willig sei, Gott lobe, ihm Dank sage und dabei spreche wie David im Psalter (Ps 73,13): „Gott lobend will ich den Herrn anrufen, und ich werde errettet sein von allen meinen Feinden." Das macht, dass der Mensch nicht verwest und untergeht. Dieser Glaube ist aber bitter, wie auch die Myrrhe einen bitteren Geschmack hat. Also sehen wir, wie alles am Glauben liegt: Wer Christus recht glaubt, der tut ihm die Ehre in allen drei Punkten. Nun wollen wir auch etwas von der anderen Erscheinung sagen, welche geschehen ist, als Christus im Jordan getauft wurde. Davon berichtet Matthäus (3,13ff), wobei wiederum drei Stücke besondere Beachtung verdienen.

Das erste ist, dass Christo, nachdem er getauft war, der Himmel ist aufgetan worden. Das andere ist, dass der Heilige Geist auf Christus herabgestiegen ist. Das dritte, dass die Stimme des Vaters vom Himmel gesagt hat: „Das ist mein lieber Sohn" ... Diese Worte sollen wir wohl fassen, damit wir sie auch verstehen.

Zum Ersten hat sich Christus taufen lassen, nicht weil er dessen bedurft hätte, sondern allein um unsres Trostes willen und dass wir Nutzen davon hätten. Christus verhält sich dabei genau wie ein guter Arzt, der – wenn er dem Kranken eine Arznei reichen will – sie zunächst selbst in den Mund nimmt, um sie auf diese Weise dem Kranken schmackhaft zu machen. So hat Christus auch an uns getan. Alles, was wir tun und leiden sollen, hat er vor uns getan und gelitten, auf dass wir stark werden und nicht verzagen in unseren Leiden.

Das Wasser aber hat er eingesetzt, dass es uns sollte ein Zeichen sein. Wo immer wir es durch einen festen Glauben gebrauchen, sollen wir gewiss sein, dass uns unsere Sünden vergeben sind, und dass uns Gott fortan wolle gnädig sein. Darum – sobald wir getauft werden – steht auch uns der Himmel offen, wie er Christo aufgetan wurde. Denn vorher hatte uns die Hölle offengestanden, sobald wir empfangen waren. Jetzt aber darf sie ihren Rachen niemals wieder gegen uns aufsperren. Denn wir sind nie wieder in ihrer Gewalt. Jetzt ist vielmehr das Himmelreich unser, wie uns auch Christus zugesagt hat: „Wer immer glaubt und getauft wird, der wird gerettet sein" (Mt 16,16).

Zum anderen. Danach wird uns alsbald der Heilige Geist gegeben. Dies ist dabei der einzige Weg, den Heiligen Geist zu erlangen: Mit Werken wird ihn niemand herabbringen. Der Glaube muss es tun, der an dem Zeichen hängt und baut auf die göttliche Verheißung. Wer irgendeine andere Weise, den Heiligen Geist zu erlangen, kennt, der wird sie ohne Zweifel anzeigen. Weil aber in der ganzen Schrift keine andere angezeigt ist, so dürfte es auch keine andere geben. Darin liegt ein großer, unermesslicher Schatz, den niemand ganz begreifen mag. Der Evangelist sagt, dass der Heilige Geist auf Christus in Gestalt einer Taube herabgestiegen sei. Darin ist auch sonderlich abgemalt die Natur und das Werk des Heiligen Geistes. Denn es gibt viele Eigenschaften der Tauben, welche dem Heiligen Geist und denen, die ihn haben, zugeschrieben werden. Insbesondere geht es darum, dass er das Herz einfältig und sanftmütig macht, wie eine Taube ist.

Zum Dritten kommt die Stimme Gottes ins Herz. Sofern der Mensch dies fühlt, gewinnt er Zuversicht zu Gott. Er weiß, dass er ein Kind Gottes ist, dass er im Himmel einen Vater hat, auf dessen Wohlgefallen er rechnen darf und dessen Zorn er nicht mehr fürchten muss. Solange er die Stimme jedoch nicht fühlt, kommt er nicht dahin, dass er mit Gott Freund wird, bekommt kein fröhliches und getröstetes Gewissen, er tue zu diesem Zweck, was immer er wolle. Hört er die Stimme aber, so bekommt er doch bald Liebe zu Gott und wird mit ihm versöhnt, wodurch dann das Herz aller Freuden und allen Trostes voll wird.

Das macht das heilige Evangelium. Darum es wohl der edelste und größte Schatz ist, den wir auf Erden haben. Also soll man von dem Fest predigen – also soll man es auch begehen und feiern.

WA 9,548ff

Lasst euch nicht von der Vernunft verführen!

Über Römer 12,3 – *2. Sonntag nach Epiphanias 1546 (Luthers letzte Predigt in Wittenberg)*

„Denn ich sage euch durch die Gnade, die mir gegeben ist." Paulus hat seiner Gewohnheit gemäß zunächst die großen Hauptstücke christlicher Lehre behandelt, nämlich über Gesetz, Sünde und Glaube, wie man gerecht werden soll vor Gott und ewig leben. Wie ihr wisst und oft gehört habt und bis heute täglich hört, sind diesbezüglich vor allem zwei Stücke zu lehren und zu verkünden: Erstlich ist darauf zu achten, dass der Glaube recht gepredigt werde. Zweitens, dass man die Frucht und die guten Werke richtig lehre. Was den Glauben betrifft, so gehört dazu, dass gezeigt wird, was Sünde, Gesetz und Tod denn sei und was sie bewirken. Zu zeigen ist ebenfalls, wie wir wiederum zum Leben gelangen und in ihm verbleiben. So lehrt Paulus in all seinen Episteln erstlich über den Glauben. Er setzt zunächst den guten Baum, wie jeder, der einen guten Garten ziehen will, gute Bäume haben muss; danach geht es dann um die Früchte. So redet Paulus am Anfang von der Erde und den Bäumen und fragt, wie gute Bäume werden sollen, d. h. wie wir zum Glauben und zum Heil finden. Das behandelt er im Römerbrief bis zum 12. Kapitel. Dann fängt er an, bis zum Ende über die Früchte des Glaubens zu lehren, auf dass wir nicht falsche Christen seien, die nur den Namen haben, aber nicht wahrhaft Gläubige sind. Das ist die Predigt über die guten Werke, die

Gott vor allem in der zweiten Tafel des Gesetzes, aber auch in der ersten befiehlt.

Da wir erlöst sind durch das Blut und den Tod des Gottessohnes, haben wir zu bedenken, dass wir fromm zu leben haben als solche, die nicht in dies vergängliche Leben gehören, sondern in das himmlische. Denn wir sollen, nachdem wir zum Glauben gefunden haben, nicht wieder in die Welt geraten, wie er denn kurz vorher sagt: „Erneuert euch in der Neuheit eurer Gesinnung" (Röm 12,2). Und zwar „unter euch" (Röm 12,3), d. h. unter denen, die Christen sind. So behandelt er die guten Werke, die zu tun sind, bis zum Ende der Epistel. Zunächst nimmt er sich die guten Früchte vor, welche die Christen unter sich selbst tun, als wäre sonst kein Regiment außer dem Kirchen-Regiment mit der Taufe. Danach im 13. Kapitel lehrt er über den Magistrat. Im 14. Kapitel behandelt er dann die Frage, wie die Starken im Glauben die Schwachen annehmen sollen.

Hier nun lehrt er die Werke derer, die Christen sind. Nun sind wir reich durch unseren Herrn Christus, von Teufel und Welt hinweg übertragen in das Reich Gottes, d. h. in die Kirche. Hier aber haben wir das Wort und die Sakramente, wir sind getauft, wir sind Söhne und Erben Gottes, Brüder und Miterben Christi, die auf ewig zu leben haben. Von daher ist es notwendig, dass wir zusehen und uns schicken in die herrliche Berufung und die uns geschenkten Gaben. Nach der Taufe bleibt noch viel vom alten Adam zurück. Immer wieder ist es gesagt worden, dass die Sünde in der Taufe wohl vergeben wird, dass wir aber deswegen noch nicht ganz rein sind. Es geht mit uns wie im Gleichnis vom Samaritaner (Lk 10,33f), der den von den Räubern zusammengeschlagenen Mann ins Hospital trug. Er nahm ihn nicht so an, dass er ihn flugs heil machte, sondern er verband ihm die Wunden ... Der Mann, der unter die Räuber gefallen war, hat dabei zwei Schäden hinnehmen müssen: Sie haben ihm alles genommen, was er besaß, und sie haben ihn lebensgefährlich verwundet, dass er halb tot war und hätte sterben müssen, wenn der Samaritaner nicht gekommen wäre. Adam ist unter die Mörder gefallen. Und diese Sünde ist auf uns alle übergegangen. Ihr wären wir ausgeliefert, wenn nicht Christus als Samaritaner gekommen wäre, wenn er nicht unsere Wunden behandelt und uns in die Kirche getragen hätte, wo er uns heilt.

So leben wir unter der Hand des Arztes. Schon ist uns die Sünde ganz und gar vergeben – aber noch ist sie nicht ausgefegt, so dass wir noch nicht ganz rein sind. Würde nicht der Geist den Menschen schon regieren, würde er wiederum faul. Es müssen die Wunden vielmehr täglich gereinigt werden. So ist unser Leben auf dieser Erde wie ein Spital: Schon ist die Sünde vergeben, aber noch sind wir nicht geheilt. Da muss man nun predigen, und ein jeder soll auf sich achten, damit die eigene Vernunft ihn nicht verführe. Schau, was diesbezüglich die Schwarmgeister tun: Sie haben Wort und Glaube empfangen. Aber dann stellt sich bei ihnen zur Taufe die Klugheit ein, die noch nicht ausgefegt ist, und will in den geistlichen Dingen weise sein. So wollen sie durch ihre eigene Weisheit die Schrift und den Glauben meistern, was zwangsläufig zur Ketzerei führt. Wenn wir schon ganz rein wären, dann brauchten wir in der Tat den amtlichen Dienst am Worte nicht. Wenn wir schon ganz rein wären, dann müssten wir nicht noch ermahnt werden, genau wie die Engel im Himmel keines Lehrers bedürfen, weil sie bereits spontan alles Notwendige tun. Aber solange wir noch in dem schändlichen Madensack stecken, den die Würmer zur gegebenen Zeit fressen sollen, brauchen wir das Amt als Zuchtmeister. Ja, wir hätten wohl Schlimmeres verdient und sollten in der Hölle ewiglich verbrannt werden.

Dabei geht es nicht einmal um die Erkenntnis der fetten Sünden. Denn wo Hurerei, Sauferei und Ehebruch herrschen, können wir wohl von uns aus die Macht der Sünde merken. Anders liegen die Dinge, wenn des Teufels Braut, die Vernunft, die schöne Metze, hereinfährt und klug sein will bei uns, wobei jedes ihrer Worte als durch den Heiligen Geist selbst legitimiert erscheint, – ja, wer will in solcher Lage helfen? Hier reicht kein Jurist oder Arzt, kein König und Kaiser. Denn es ist die höchste Hur, die der Teufel auf seiner Seite hat. Die anderen Sünden erscheinen von selbst als fette Sünden. Aber die Vernunft kann so leicht niemand beurteilen. Sie fährt daher, richtet Schwärmerei an mit der Taufe und dem Abendmahl – und meint, dass alles, was ihr einfällt oder was der Teufel ihr ins Herz gibt, vom Geiste stamme. So argumentiert Paulus: So wahr ich ein Apostel bin und so wahr Gott auch mir seinen Geist gegeben hat, also ermahne ich euch. Ja, so erwiderst du, aber dennoch bin ich ein Christ. Meine Antwort lautet: Gut! Aber nimm dich in Acht vor dir selbst. Noch ist die Sünde nicht schlechthin geheilt und ausgefegt. Und so sage ich dem jungen Mann und dem Mädchen: Dass du die Krankheit deines Vaters und deiner Mutter nicht fühlst, das ist ganz einfach unmöglich. Wenn du der Lust folgst, dann wirst du zwangsläufig zum Hurenbock und Ehebrecher. Und darum mahnt hier das Evangelium: Tu es nicht, folge nicht einfach der Gier. Wohl ist die Sünde vergeben und geläutert, aber schau zu, dass du in der Gnade bleibst. So steht es auch mit dem übrigen Unglück. Soweit es dem Fleisch noch anhängt, ist es schon vergeben. Aber noch ist es nicht rein ausgefegt, noch bedarf der restliche Schmutz ständiger Reinigung, genau wie bei dem Mann, der unter die Räuber fiel.

Es genügt, wenn ich in diesem Zusammenhang auf das mächtige Übel der Brunst verweise, die alle Menschen schon gefühlt haben. Wo immer der Gläubige der Ermahnung Gottes nicht folgt, dem Teufel zu widerstehen, der ihn versucht, da ist ihm die Sünde nicht vergeben. Was ich aber von der sündigen Gier sage und was alle verstehen, das gilt auch von der Vernunft, die Gott blendet und schändet in geistlichen Dingen und die zu einer Hurerei verführt, die in ihrer Gier weit abscheulicher ist als jeder Ehebruch. Denn ein Abgöttischer läuft seinem Abgott – wie die Propheten sagen – nach unter jeden Baum, genau wie der Hurentreiber seiner Dirne nachläuft hinter jedes Gebüsch. Darum nennt die Schrift den Götzendienst Hurerei, genau wie die Heiligkeit und Weisheit aus eigener Vernunft. Wie haben sich die Propheten gestritten mit der Abgötterei, der schönen Hure! Denn sie ist ein Wild, das sich nicht leichtlich fangen lässt. Angeboren ist ihr die Torheit, die sie für höchste Gerechtigkeit und Weisheit hält, obgleich sie doch in den Dingen Gottes nicht klug sein kann. Darum müssen wir sie abwehren, indem wir mit den Propheten sagen: Ihr sollt Gott nicht auf den Bergen, in den Tälern oder unter den Bäumen dienen, sondern in Jerusalem, das von Gott zur Kultstätte bestimmt ist, wo denn auch sein Wort erschallt. Darauf erwidert dann die Vernunft: Ich bin zwar berufen und beschnitten, und es ist mir auch befohlen, nach Jerusalem zu gehen. Aber auch hier ist eine schöne Wiese oder ein feiner grüner Berg. Wenn ich nun hier einen Gottesdienst stifte, dann wird dies gewiss Gott und allen Engeln im Himmel gefallen. Oder sollte Gott ein solcher Gott sein, dass er sich nur in Jerusalem anbinden lässt? Solche Weisheit der Vernunft aber nennen dann die Propheten Hurerei.

Das aber meint auch Paulus, wenn er erklärt: Wo immer wir in der Glaubenspredigt einschärfen, dass wir allein Gott anbeten, der da ist der Vater unseres Herrn Jesus Christus, wie wir auch im Glaubensbekenntnis sprechen ..., da bleiben wir auch beim Tempel zu Jerusalem. Ähnlich heißt es (Mt 17,5): „Dies ist mein geliebter Sohn, auf ihn sollt ihr hören." Oder (Lk 2,32): „Ihr werdet ihn finden in der Krippe." Der soll es allein tun. Aber die Vernunft hat hier dann den Einwand parat: Ist es wahr, dass wir allein Christus anbeten sollen? Ei, soll man die heilige Mutter Christi nicht auch ehren? Ist sie doch das Weib, das der Schlange den Kopf zertreten hat. Erhöre uns, Mutter! Denn dein Sohn ehrt dich so sehr, dass er dir nichts abschlagen wird. Hier hat ihm Bernhardus zu viel getan in der Predigtreihe „Missus est Angelus". Gott hat befohlen, die Eltern zu ehren, also ruf ich Maria an. Sie bittet dann für mich den Sohn, und der Sohn bittet den Vater, der wiederum den Sohn erhört. So ist es auf dem Gemälde über den zürnenden Gott Vater und Christus als Richter zu sehen, dem die Mutter die Brüste zeigt, während Christus dem Vater die Wunden entgegenhält. Hier treibt es die hübsche Braut, d. h. die Weisheit der Vernunft ganz einfach zu weit, indem sie zu verstehen gibt: Maria ist die Mutter Christi. Daraus folgt gewisslich, dass Christus sie erhören wird. Oder: Christus ist ein gestrenger Richter, also will ich St. Georg oder St. Christoph anrufen. Nein, so geht es nicht! Denn wir sind getauft auf den Namen des Vaters, des Sohnes und des Heiligen Geistes, genau wie die Juden auf Gottes Befehl beschnitten waren. Umgekehrt kann man sagen: Wie die

Juden frei gewählte Kultstätten im ganzen Land errichteten, als ob Jerusalem zu eng wäre, so haben wir es dann auch gemacht.

Wie also der junge Mann sich gegen die böse Lust, der alte Mann aber gegen den Geiz wehren muss, so müssen wir uns gegen die Vernunft zur Wehr setzen, die ihrer Natur nach eine böse Hure bleibt. Aber sie soll mir nicht schaden, wenn ich nur gegen sie ankämpfe. Weil sie jedoch so schön ist im gleißenden Feuerwerk ihrer Argumente, soll es Prediger geben, welche die Leute auf ihren Kinderglauben verweisen, in dem es heißt: Ich glaube an Jesus Christus usw., „der hinwegnimmt die Sünden der Welt" ... Denn von ihm allein ist gesagt: „Ihn sollt ihr hören" ..., nicht von Maria, von den Engeln oder vom Erzengel Gabriel. Also will ich bei dem Kinderglauben bleiben, mit dem ich mich der Vernunft erwehren kann. Wenn die Wiedertäufer sagen: Taufe ist Wasser. Was aber kann schon das Wasser, das von Schwein und Kuh getrunken wird? Der Geist muss es tun! Dann antworte ich: Hörst du es, du schäbige, aussätzige Hure von heiliger Vernunft? Es steht geschrieben: „Ihn sollt ihr hören." Und was sagt er? „Geht hin ... und taufet alle Heiden!"

Es ist nicht einfach Wasser, sondern es geht um die Taufe, gespendet im Namen der heiligen Dreifaltigkeit. Schau also, dass du so die Vernunft im Zaume hältst. Lass nicht zu, dass die Vernunft ihren schönen Argumenten folgt – wirf ihr einen Dreck ins Angesicht, auf dass sie hässlich werde. Denkst du hier nicht unwillkürlich an das Geheimnis der Dreifaltigkeit oder an das Blut Christi? Sagen die Sakramentierer nicht auch vom Sakrament des Altares: Was soll schon Brot und Wein? Wie kann Gott, der Allmächtige, seinen Leib in das Brot geben? ... Sie sind so klug, dass niemand sie zu Narren machen kann, selbst wenn sie jemand in einem Mörser hätte und mit sieben Stempfeln zuschlüge. Er erreicht es nicht, dass die Torheit von ihnen ablässt. Die Vernunft ist in der Taufe ersäuft und die narrete Weisheit soll ihr nicht schaden, wenn sie nur den geliebten Sohn hört, der sagt: „Nehmet hin und esset, das ist mein Leib, der für euch gegeben wird." Hier ist das Brot, das dir gereicht wird. Von ihm sage ich, dass es mein Leib ist. Das sollst du hören! Hier trete ich die Vernunft und ihre Weisheit mit Füßen und sage: Du verfluchte Hure, schweig still! Willst mich verführen, dass ich mit dem Teufel Hurerei treiben soll! So geschieht es dann, dass die Vernunft durch das Wort des Sohnes geläutert und frei wird.

So wollen wir umgehen mit den Rotten, wie die Propheten mit den Klüglingen und den ehebrecherischen Götzendienern, die es besser machen wollen, als Gott es macht. Ihnen ist zu sagen: Ich habe einen Bräutigam, den will ich hören. Deine Weisheit aber ist die größte Torheit. Ich hau dir deine Weisheit aus und trete sie unter meine Füße. Und dieser Kampf dauert bis zum jüngsten Tag. Das ist der Wille des Apostels, dass wir nicht nur die niederen Lüste, sondern auch die hohen dämpfen. Kommt Hurerei über dich, dann schlag sie tot. Umso mehr aber tu das im geistlichen Ehebruch. Nichts gefällt dem Menschen so sehr, wie wenn jemand seine eigene Lust an seiner Weisheit hat ... Die Gier der Geizigen ist nichts, vergleicht man sie mit dem herzlichen Gefallen an unserem Eigendünkel. Und wenn wir die schönen Gedanken gleich in die Schrift bringen, dann ist der Teufel ganz und gar los. Diese Sünde ist zwar vergeben, aber sie bleibt, noch nicht ganz gereinigt, in mir zurück. Hier geht die rechte Lehre schnell verloren, und so gern man darüber predigt oder die Predigt hört, Christus ist weg aus unserer Mitte, wenn wir auf dem Berg vor dem Teufel niederfallen (Mt 4,7).

Darum erklärt Paulus (Röm 12,2): „Ich ermahne euch durch die Gnade, die Gott mir gegeben hat, damit niemand zu viel von sich hält." Es ist, als wollte er sagen: Ihr krankt am Dünkel der Selbstüberschätzung, genau wie an anderen massiven Sünden. Darum also hütet euch vor euren eigenmächtigen Gedanken und vor eurer Klugheit. Der Teufel wird das Licht der Vernunft unter euch entzünden und euch zum Abfall vom Glauben bringen. So ist es den Wiedertäufern und Sakramentierern widerfahren. Ja, es gibt darüber hinaus noch zahlreiche andere Stifter von Häresien. Ich hab mit mehr denn 30 Rottengeistern zu tun gehabt, die mich alle belehren wollten. Aber ich habe sie alle mit diesem Spruch widerlegt: „Ihn sollt ihr hören." Und mit diesem Spruch hab ich mich durch Gottes Gnade bisher erhalten, sonst hätte ich dreißigerlei Glauben annehmen müssen. Die Ketzer suchen ständig Zank und Ränke, damit wir ihnen weichen, nachlassen und zugeben. Doch ich antworte ihnen: Wir wollen es mit Gottes Hilfe nicht tun. Dann aber müssen wir von ihnen hören: Ihr seid stolze Tropfen! Doch will ich lieber ihre Schelte ertragen, bevor ich auch nur einen Finger breit vom Worte dessen abweiche, der mir zuruft: „Ihn sollt ihr hören."

Ich sehe voraus, dass der Teufel durch die Sektierer unsere Kirche zerreißen und nicht aufhören wird, bis er seine Absicht durchgesetzt hat, es sei denn, Gott schenkt uns treue Diener im kirchlichen Amt. Das jedenfalls hat der Teufel im Sinn. Wenn er es nicht durch den Papst und den Kaiser erreichen kann, dann wird er es tun durch die, die jetzt noch mit uns einmütig in der Lehre verharren. Wir wollen daher Gott aus ganzem Herzen bitten, dass Gott uns reine Lehrer schenke. Noch wiegen wir uns in Sicherheit, weil wir nicht sehen, wie greulich der Fürst dieser Welt durch Papst und Kaiser unseren Gelehrten nachstellt, die immer wieder sagen: Was schadet es, dass man dies oder jenes nachlässt? Wir aber sollen nicht ein Haar breit nachlassen. Wollen sie es mit uns halten, gut, wollen sie es nicht, dann sollen sie es lassen. Ich habe von ihnen keine Lehre empfangen, sondern aus reiner Gnade von Gott. Ich bin auf alles gefasst. Also bittet Gott ernstlich, dass er euch das Wort lasse, denn es wird bald wunderlich zugehen. Ei, so sagen die Juristen und die Weltweisen, ihr seid stolz, und es wird ein Aufruhr daraus erwachsen. Unser Herrgott helfe, dass wir uns getrost gegen diese gefährliche Versuchung wehren. Du magst wohl von dir halten, dass du vor anderen durch besondere Gaben ausgezeichnet bist, für die du Gott danken sollst. Aber geh dabei nicht zu weit, d. h. nur so weit, wie es sich mit dem Glauben reimt, und dass es dem Glauben ähnlich sei. Wenn dich dabei ein Dünkel überkommt, so will ich ihn nicht sofort verwerfen, sondern ihn etwas gelten lassen. Aber halte davon – so sagt Paulus – nicht allzu viel, und lasse dich durch ihn nicht verführen. Aber wie kann ich wissen, wie weit er gelten soll? S. Pauli Antwort lautet (Röm 12,7): „nach Maß der Analogie des Glaubens", d. h. so weit, wie es dem Glauben gemäß ist, sollst du deinen Dünkel im Zaume halten, genau wie die bösen Lüste des Fleisches zu zähmen sind.

So ist also der Dünkel die Erbsünde, genau wie Lust auf ein junges Mädchen eigentlich Sünde ist und der Mäßigung bedarf. Was heißt das? Du sollst das schöne Mädchen also lieb haben, dass du ihrer nicht anders begehrst denn zum ehelichen Gemahl. Denn das 6. Gebot verbietet jede ungebührliche Liebe.

Es kommt hinzu, dass jede Begierde natürlicherweise schlecht ist. Wenn du sie aber mäßigst, indem du sagst: Ich will sie liebhaben ohne jede Unzucht, dann hat die Lust ihr Maß, wodurch sie Gottes Gebot nicht widerspricht. So sei das 6. Gebot das Maß, danach die Lust sich richten soll ... In diesem Sinn kannst du auch Lust an deinem Dünkel haben. Aber hänge der Lust einen Knüttel an den Hals – mach dir ein Maß, welches sie nicht überfahre. Bleib also unter dem Glauben, der der Oberherr ist über alle Gaben, die wir besitzen, nicht allein über den Dünkel. Es soll alles unter dem Glauben sein, vor allem soll der schöne Dünkel nicht klüger sein denn der Glaube. Schau deshalb zu, dass er sich damit reime und ihm gemäß sei. Wenn du einen Sakramentsschwärmer hörst, der daher lästert: Im Sakrament des Altars ist nur Brot und Wein, oder: Warum sollte Christus auf dein Wort vom Himmel steigen in dein Maul und in deinen Bauch?, dann antworte ihm: Ei, es gefällt mir wohl, was du sagst – ei, welche gelehrte Braut hat doch der Teufel? Was aber sagst du hierzu: „Dies ist mein geliebter Sohn, den höret", – und der Sohn sagt: „Dies ist mein Leib." Troll dich also mit deinem Dünkel nach deiner Vernunft aufs heimliche Gemach! Höre auf, du verfluchte Hure. Oder willst du Meisterin sein über den Glauben, welcher sagt, dass im Abendmahl des Herrn der wahre Leib und das wahre Blut seien – item, dass die Taufe nicht schlechtes Wasser ist, sondern Wasser Gottes des Vaters, Gottes des Sohnes und Gottes des Heiligen Geistes. Diesem Glauben muss die Vernunft untertan und gehorsam sein. Item, die von uns sagen, wir seien stolz, und wir sollten weichen. Reden sie von leiblichen Sachen? Oder von Glaubens-Sachen? Nun steht aber geschrieben, dass uns der Dünkel gefallen soll, sofern er nicht wider den Glauben ist, aus dem du keinen Knecht machen sollst, genau wie du Christus nicht aus dem Himmel stürzen darfst.

Also hat uns Paulus ermahnt, dass wir widerstehen den hohen, bösen Lüsten, nicht allein den niedrigen und geringen. Den hohen Lüsten soll ich das Wort vom Glauben an den Hals hängen. Oder willst du, Vernunft und Weisheit, mich auf einen schönen, grünen Berg führen, damit ich dort Gott anbete? Ich will's nicht tun, sondern zu Jerusalem will ich Gott anbeten. Es geht mich nichts an, dass man Gott auch an einem anderen Ort anbeten kann. Aber Gott hat verboten, ihn unter einem grünen Baum anzubeten. Auch weiß ich wohl, dass Gott mir durch die Mutter des Sohnes helfen könnte. Aber er will nun mal nicht helfen, es sei denn durch den Sohn Jesus Christus allein, durch den Herrn, auf den wir all unser Vertrauen und unsere Hoffnung setzen sollen. Gott könnte wohl sagen: Wenn du zu diesem Heiligen ein Paternoster betest, sollst du selig werden. Aber Gott will nicht, dass du es tust, ja er hat's hart verboten. Das ist das böse Unglück, das S. Paulus hier anrührt, dass wir uns vorsehen nicht allein vor den groben Lüsten, sondern auch vor den hohen Lüsten, welche die Einheit des Glaubens zerreißen und verursachen die Hurerei des Götzendienstes.

WA 51,123ff

Christus, unser Exempel

Über Lukas 2,22–32 – *Fest der Opferung Christi im Tempel 1546*

Dieses Evangelium, liebe Freunde, hat viele Stücke, die uns Christen zu wissen nötig sind. Erstlich beschreibt der Evangelist die Zeit der Reinigung Mariae. Nun wisst ihr, dass eine Sechswöchnerin nach dem Gesetz des Moses sechs Wochen lang im Hause bleiben musste, bis sie für rein erachtet würde (Ex 12,2f). War es ein Sohn, den sie zur Welt gebracht, so war sie vierzig Tage unrein. War es aber eine Tochter, so war sie achtzig Tage unrein, wie das im dritten Buch Mose, Kap. 12 zu sehen ist.

Darüber hinaus gab es noch ein Gesetz, das die Opfer vorschrieb, die für jede Erstgeburt und alle Erstlingsfrüchte von Mensch und Vieh ... im Tempel darzubringen waren, damit davon der Leviten-, Priester- und Prediger-Stand erhalten würde. Die Leviten aber waren im israelischen Volk ein ganzer Stamm, viel Tausend des priesterlichen Geschlechts. Denen musste man nun geben die erste Geburt von allen Menschen, Vieh und alle erste Frucht. Denn Gott wollte haben, dass die Leviten ihres Amtes walten konnten, studieren im Mose und den Propheten, und Jung und Alt sollten von ihnen Gotteserkenntnis lernen.

Deshalb sollten die Leute ihre Erstlingsopfer umso williger geben, da sie gleichzeitig der Unterhaltung des Predigtamtes und der Gottesdienste dienten. Darum schmückt Gott diese Gaben mit einem schönen, herrlichen Titel, indem er befiehlt, dass sie ihm selbst darzubringen und nicht allein den Priestern zu geben sind. Nun war das Volk Israel in zwölf Stämme geteilt. Diese zwölf Stämme mussten den dreizehnten, den Leviten-Stamm, ernähren. Das ist dasselbe, als wenn gegenwärtig je zwölf Mann einen weiteren erhalten und ernähren müssten. Zur Ernährung des dreizehnten Stammes aber war verordnet alle Erstgeburt, auf dass Gott also seine Pfarrkirchen und Schulen erhielte und versorgte.

Gaben sie nun fleißig den Priestern und Gott, was ihnen gebührte von den Erstgeburten, so gab ihnen Gott auch wiederum Segen. Waren sie darin aber säumig, gab Gott ihnen umgekehrt teure Zeiten und alles Unglück. Wollen wir also gegenwärtig Pfarrherrn und Prediger haben, so soll und muss man ihnen auch geben die Erstgeburt, den Zehnten und andere Opfer, das ist: ihren Unterhalt ...

Das sei also zum Eingang gesagt von dem Stück des Gebotes im Gesetz des Mose, von der ersten Geburt. So nun eine Kindbetterin einen Sohn oder eine Tochter geboren hatte, musste sie vierzig oder noch viel mehr Tage im Hause liegen und durfte nicht unter die Leute gehen ... Wenn dann diese Zeit vorbei war, musste sie nach Jerusalem gehen und alle Erstgeborenen leibhaftig in den Tempel bringen zu den Leviten. Die Kinder mussten dann mit Geld gelöst werden. Dabei mussten die Reichen für ihre Kinder mehr geben als die Armen, wie überhaupt solche Dinge im Gesetz des Mose fein geordnet waren. Dies alles aber geschah nur deshalb, dass man die Priester, das Predigtamt und die Gottesdienste davon unterhielte. Darum also hat Gott seine Bestimmung so hart und ernstlich gefasst.

Ebenso möchte auch noch heute ein jeder Hausvater durch besondere Ordnung sein Hausregiment regeln, indem er dem Weib dies, dem Sohn ein anderes, dem Knecht und der Magd dies oder das auflegt und befiehlt. Das tue du, da gehe du hin, fahr du Knecht ins Holz, treib du Magd das Vieh aus, melke die Kühe. Item, so wollen wir's diesen oder jenen Tag in der Woche halten, heute soll man kein Fleisch oder Käse speisen.

Wo du nun hier nicht handelst nach dem Befehl des Hausvaters oder Hausherrn und wo du issest, was er verboten hat, so heißt du unrein; oder das Fleisch ... nicht dass es von Natur unrein und böse wäre! Aber darum wird es unrein, weil der Hausvater es dir verboten hat, du sollst heute kein Fleisch oder keinen Käse essen ...

Also ist eine Sechswöchnerin auch nicht deshalb unrein, weil sie ein Kind zur Welt geboren hat. Sondern das hat Gott also haben wollen, dass sie sich sollte im Hause halten, abgesondert von den Leuten, so lange, bis die arme Mutter wieder zu Kräften käme. Und dazu hat er bestimmte Zeiten verordnet, die sie alle halten sollten. Denn eine Frau ist stärker als die andere, einer wird's sauerer und härter über der Geburt als der anderen, dass also die Geburt ungleich ist. Darum ist ihnen von Gott die Zeit zur Ruhe bestimmt.

Darum ist die Unreinheit der Kindbetterin nicht so zu verstehen, als ob das Werk der natürlichen, weiblichen Geburt unrein oder Sünde sei, sondern wie der Hausvater mit seinem Verbot das Fleisch unrein macht, also sind die Weiber durch Gottes Wort für sechs Wochen auch unrein. Denn also hat Gott das Volk gefasst, gleichwie ein Vater sein Hausregiment ordentlich fasst, dass ein jeder tue, was ihm befohlen ist und seinem Amt zusteht – item dass ihm nicht mehr auferlegt wird, als er ertragen kann, und dass er auch seine Ruhe und Erquickung habe – item, dass einer dem anderen helfe, die Nahrung zu erhalten und die Hand reichen, dass man nicht mehr vertut, als erworben wird – und sonderlich dass die, so die anderen lehren und unterweisen, auch versorgt und ernährt werden. Darum musste das ganze Volk Israel also geteilt sein in die zwölf Stämme, dass sie den dreizehnten ernährten. Item, dass man gewiss wüsste, woher der Messias kommen solle, auf dass nicht mancherlei Christi, sondern ein Christus wäre. Darum hat er es also geordnet, bis dass er selbst gekommen ist. Dazu hat er Propheten gegeben, dass man nicht warten soll auf den verheißenen Christus zu Rom, Babylon oder Ägypten, sondern in dem Volk Israel, wo er eigentlich aus dem Stamm Juda geboren werden soll. Da sollten sie Augen und Ohren aufsperren. Aus Juda wird er gewiss kommen, der Stamm soll es sein, und aus dem Hause Davids ...

Und dass wir dessen noch sicherer wären, zeigt der Prophet auch die Stadt: Bethlehem soll sie heißen, dort soll er geboren werden. Denn so steht im Propheten Michea (5,1) geschrieben: „Und du, Bethlehem im Jüdischen Land, bist mitnichten die geringste unter den Fürsten Judas. Denn aus dir soll mir kommen der Herzog, der über mein Volk Israel ein Herr sei." Und dass er es ja aufs gewisseste machte und gleichsam mit Fingern auf den Messias zeigte, bestimmte er auch die Zeit, zu welcher der Messias kommen sollte, nämlich wenn der Stamm Juda gar darniederliege und der Szepter von ihm hinweggenommen wäre und ein fremder Herr auf Davids Stuhl säße. Da – da sollten sie zusehen. Denn dann sei der Messias nicht weit.

Also hat Gott erstlich das Volk gesondert in zwölf Stämme und endlich den Stamm Juda ausgesondert und das Haus und die gewisse Zeit und Stätte. Das ist alles also ergangen. Denn Herodes war gar ein Fremder, von den Römern zum König über die Juden gesetzt. Was suchte der da? Sollten sich da die Juden nicht auf die Bücher der Propheten gestürzt und gefragt haben, wie das zugehe, dass ein neuer König und ein Fremdling auf Davids Stuhl sitze? Nun hatte es Gott zuvor lassen weissagen, dass der Messias geboren werde eben zu der Zeit, wenn sie einen fremden Herrn haben würden.

Die Juden haben also keine Entschuldigung. Sie haben der Propheten Zeugnisse, und 1500 Jahre schon liegt ihr Regiment in der Asche. Aber es sind blinde Gotteslästerer und überzeugte dazu. Sie kennen alle Einzelheit wie Person, Stamm, Volk, Haus, Zeit, Stätte, Stadt und Namen. So ist in der Tat alles geschehen. Das Gesetz des Mose hat das israelische Volk in ein schön, ordentlich Regiment, in Zucht und Gehorsam gefasst, dass es beieinander gehalten hat, die Haushaltung nicht zerstreut wurde, auf dass man nicht zweifele und ungewiss wäre, woher und von wem Christus kommen sollte. Als hätte hiermit Gott beiden, den Juden und aller Welt, sagen wollen: Siehe, da hast du das Volk eigentlich genannt, daraus Christus soll geboren werden, dazu den Stamm und die Stadt, und hast auch einen neuen König, der nicht aus deinen Brüdern ist. Dabei sollst du wissen, dass er nun gewisslich vorhanden ist, und darfst nun auf keinen anderen mehr warten. Das begreifen und fühlen die Juden bis auf diesen Tag wohl. Denn sie sind von der Zeit an über fünfzehnhundert Jahre unter keinem gewissen König gewesen, haben weder Priestertum, Tempel noch Regiment mehr, sondern müssen hin und wieder in der ganzen Welt zerstreut bleiben. Darum ist dies Gottes Meinung gewesen mit dieser Ordnung von den erstgeborenen Kindern und mit dem ganzen Gesetz. Dass dies alles auf Christus zeigen und so lang bleiben und gehalten werden sollte, bis er selbst gekommen wäre.

Wenn er aber nun gekommen ist, sollte dieses Volk nicht mehr so gefasst und abgesondert sein. Gleich wie ein Hausvater die Kinder erst fasst, sie in eine Ordnung und Disziplin zwingt, sie zur Schule anhält und sie lehrt. Wenn sie aber erwachsen sind, schickt er sie aus. Da wird denn einer ein Ehemann, der andere ein Prediger, Regent, Ratmann usw. So ist das Gesetz auch ein Zuchtmeister gewesen (wie S. Paulus spricht), bis dass Christus kommt. Ein Vater sendet sein Kind wohl in eine Schule, nicht darum, dass er allein das ABC oder nichts mehr als den Donat lerne, sondern es soll darüber hinaus die freien Künste studieren, Zucht, Ehrbarkeit und gute Sitten lernen, dass es ein feiner Mann werde, der Land und Leuten dienen kann. Wenn darum solche Lehrzeit zu Ende ist, macht man aus ihm einen Fürsten, Regenten, Prediger und Stadtrichter, womit dann die Schul- und Hausdisziplin und Zucht zu Ende ist.

Aber die anderen wollen immer fort und fort ABC-Schüler bleiben, das ist Unrecht. Denn Christus der Herr ist gekommen, und ein neues Regiment ist angebrochen, der Sohn ist nun erwachsen und soll selbst in die Regierung seines Erbes und Eigentums eintreten. Wenn einer sein Leben lang wollte in der Schule liegen, um nur zu buchstabieren und den Donat zu studieren, müsste man ihn aus der Schule herausschlagen. Denn du bist nicht darum in die Schule geschickt, dass du darin bleiben sollst, sondern du sollst etwas studieren, und danach wieder heraus, um anderen Leuten zu dienen.

Denn also sagt ein Hausvater zu seinem Sohn: Ich hab dich erzogen, nun musst du auch ein Vater werden wie ich. Item, liebe Tochter, du sollst hinaus und eine fromme Mutter werden. Das kann nicht deine Meinung sein, dass du für und für wolltest in meinem Hause und unter meiner Zucht liegen bleiben und nicht auch selbst nach deiner Besserung nach eigener Haushaltung und Nahrung trachten. Hier gibt Gott uns nun ein Exempel, und der Evangelist spricht, Maria habe das Gesetz des Mose gehalten und sich für unrein geachtet. Sie ist eine frische Gebärerin, und der Sohn ist die erste Geburt. Weil die Zeit ihrer Reinigung gekommen, ist sie in den Tempel gegangen und hat den Sohn geopfert. Denn also sagt das Gesetz: alles Männliche, das zum Ersten die Mutter bricht. Das Mutter-Brechen ist allein von denen gesagt, bei denen die Jungfrauschaft verloren ist, und die von einem Mann ein Kind haben. Das ist dieser Mutter nicht geschehen. Denn sie ist in der Geburt und nach der Geburt, wie sie Jungfrau war vor der Empfängnis und Geburt ist sie auch geblieben. Und ist ihr kein Schaden weder am Leibe noch an der Jungfrauschaft widerfahren. Andern Weibern kommts nicht mit Lachen oder Kurzweil an, sondern sie müssen Angst und Schmerzen fühlen, wie Gott zu Eva sagt: „Mit Schmerzen sollst du deine Kinder gebären." Aber hier ist es ohne Schmerzen und Versehrung zugegangen und eitel Freude gewesen, da sie das Kind geboren hat. Darum geht das Gesetz von der Reinigung, und dass sie den erstgeborenen Sohn lösen musste, diese Mutter und ihren Sohn nichts an, und so ist sie auch nicht unrein. Aber über alle anderen Weiber, auch über Eva geht das Gebot: „Mit Kummer sollst du deine Kinder gebären", die müssen Angst und Schmerzen fühlen. Aber so sauer, mit Angst, Not und Schmerzen ist die Geburt Maria nicht geworden.

Wiewohl sie nun rein ist, und das Gesetz sie und ihren Sohn nicht binden konnte, tut sie sich dennoch mit ihrem Sohn unter das Gesetz, ist dem Gebot gehorsam, wiewohl Moses ihnen nichts zu gebieten hatte, und machen sich beide, Mutter und Sohn, dem Gesetz williglich untertan und gehorsam. Denn dieses Gebot ging weder die Mutter Maria noch den Sohn an.

Also beweist er seinen Gehorsam auch gegen das Gesetz in der Beschneidung, welchen Gehorsam er dem Gesetz gar nicht schuldig war, und vergoss allda sein heiliges Blut. Denn er war nicht so geboren in Sünden wie andere Kinder ...

Das ist uns nun zum Exempel vorgeschrieben, dass wir desto williger Gehorsam leisten, den wir schuldig sind, dieweil wir sehen, dass der Herr des Gesetzes und seine unschuldige Mutter Maria das getan haben. Darum sollen wir es vielmehr tun, die wir in Sünden empfangen und mit großen Schmerzen geboren und Gottes Gebot mit uns bringen.

So geht er nun uns vor mit seinem Exempel, als wollt er sagen: Ihr seid so verzweifelte Buben, dass ihr das nicht tut, das ihr doch zu tun schuldig und verpflichtet seid, so ihr seht, dass ich, der große Herr, nicht allein tu, was mir zu tun obliegt, sondern auch willig das erledige, was ich zu tun nicht schuldig bin.

Die Mutter durft den Namen nicht leiden, als wäre sie unrein. Sie durft auch nicht in den Tempel gehen. Dennoch tut sie es, stellt sich so, als wäre sie unrein, obgleich sie doch die allerheiligste und reinste Jungfrau gewesen ist. Also sollten wir auch mit allen Treuen einander dienen, raten und helfen, nicht aber vorgeben: Ich darf es von Rechts wegen nicht tun, nichts geben und nichts leihen. Nein, lieber Gesell, der Spruch des göttlichen Gesetzes zwingt dich. So dein Herr Christus sich unter das Gesetz getan hat, das er zu tun nicht schuldig war, dann, mein Lieber, tu du wenigstens das, was du zu tun schuldig bist, Christus sagt also Johannis am dreizehnten (Joh 13,15): „Ein Beispiel hab ich euch gegeben, dass auch ihr tut, wie ich euch getan habe." Item „ein neues Gebot gebe ich euch, dass ihr euch untereinander liebt, wie ich euch geliebt habe, auf dass auch ihr einander lieb habet. Daran wird jedermann erkennen, dass ihr meine Jünger seid, so ihr euch untereinander lieb habt." So soll es unter euch sein, dass ihr auch euren Feinden sollt Gutes tun. Und so wohl- und guttätig sollen wir sein, dass wir auch da helfen und raten, wo wir durch weltlich Recht nicht könnten dazu gezwungen werden. Denn nach demselben schulde ich dir keinen Pfennig, viel weniger einen Gulden, magst du sterben oder verderben. Ja hörst du, wir haben ein solches Recht, das uns befiehlt, nicht nur zu tun, was man nach dieser weltlichen Ordnung schuldig ist, sondern auch mehr zu tun, als man soll. Denn unser Herr Christus hat viel mehr getan, als er tun sollte, um unsertwillen. Er ist um unsertwillen geboren, beschnitten und gekreuzigt worden. Wo war da das Gesetz, das ihn zwang? Er tat es aus lauter Liebe, nachdem er erkannt hatte, dass es uns vonnöten war.

Das sage ich darum, dass du nicht denkst wie die Mönche, welche – wenn sie ihre Regel hielten – der Meinung waren, sie wären lebendige Heilige. Sondern du musst denken, dass doch Christus, der frei war, ein Knecht aller Knechte wird. So sagt auch Paulus (1 Kor 9,19): „Da ich frei war", was ich auch hätte bleiben können, „hab ich mich jedermann zum Knecht gemacht."

Also soll ein Prediger nicht denken: Was soll ich der Welt predigen, die doch die Wahrheit nicht hören und nicht gestraft sein will, um so vergeblich Ungnade, Hass und Gefahr auf mich zu laden. Ebenso sehr will ich gute, ruhige Tage haben. Was geht es mich an, wo die Welt bleibt? Nein, es heißt: Heraus aus dem Winkel! Du sollst andere Leute lehren den Weg zur Seligkeit und zum ewigen Leben, und du sollst es umsonst und gerne tun, auch wenn dir keine Dankbarkeit darum gegeben würde, ja wenn du darüber Not leiden solltest. Ja, sprichst du, wie komme ich dazu, dass ich soll oder muss dein Pfarrherr, Prediger oder Schulmeister sein? Bin ich dir's doch nicht schuldig, so kannst du mir's nicht bezahlen. Ei – so lautet die Antwort –, weil dir der Herr Christus auch gedient hat, darum sollst du andern Leuten wieder dienen und sie das genießen lassen.

So sagt auch mancher zu einem reichen Geizhals: Mein Lieber, ich bin ein armer Bürger, ein armer Handwerksmann. Ich bräucht es wohl, dass du mir zehn oder zwanzig Gulden vorstreckst zu meiner Nahrung. Ja, spricht dann der Geizwanst: Ich bin dir zu leihen nicht schuldig, du kannst mich auch mit keinem Recht dazu zwingen, dass ich dir müsste leihen oder borgen. Ja, lieber Bruder, es ist wahr, wenn du willst nach gemeinem Kaiserrecht, Land- oder Stadtrecht richten, so verdammt der Richter dich nicht darum, dass du mir nichts leihen willst. Er kann dich darum auch nicht strafen. Aber willst du ein Christ sein, so antworte mir auf dies Exempel Christi. Christus hat sein Leib und Leben am Kreuz dahingegeben und sein Blut für dich vergossen ... Ja, das alles hat er dir getan, um dir aus ewiger Not und Armut zu helfen, obgleich er dir doch gar nichts schuldig war, sondern du in der ewigen Schuld, unter seinem ewigen Zorn zur Hölle verurteilt lagst.

Diese Schuld hat er dir geschenkt und dich dazu durch seine göttliche Gnade und Gaben selig und reich gemacht. Du aber wolltest ihm nicht so viel zu Lieb und zu Ehren tun, obgleich du es nicht schuldig wärest, dass du deinem Nächsten zur Hilfe kommst mit einer kleinen Gabe von dem, was dir Gott so reichlich geschenkt hat. Und dies, obgleich dich doch beides, das Gesetz der Liebe und das Exempel Christi, dazu verpflichten ...

Darum wir dich hier nicht entschuldigen, sondern vielmehr beschuldigen und verdammen. Denn schändlich ist es für einen Christen, von ihm zu hören oder zu sagen, was du hier vorwendest: Ja, im Sinne des Rechts schulde ich niemand ein solches Verhalten. Denn meine Obrigkeit hat mir nicht befohlen, meinem Nächsten etwas zu schenken oder zu leihen, oder um der Liebe und Einigkeit willen auf mein Recht zu verzichten. Nein, lieber Gesell, hörst du nicht, dass es Gott selbst ist, der ein solches Volk haben will, in dem der eine hier, der andere dort dem anderen diene, rate, helfe, Gutes tue, was immer er kann. Also, dass das ganze Leben der Christen in solchen Werken der Liebe bestehe.

Wo Gott also einem Prediger die Gnade gegeben hat, die Heilige Schrift zu verstehen und auszulegen, oder wo er einem anderen Weisheit und Vernunft gegeben hat, um zu regieren, da soll er denn nicht schlafen oder gute Tage suchen, sondern studieren, die Schrift ausbreiten, seinem Amt getreulich vorstehen und nicht tun, wie die Mönche getan haben, als sie sich in ihren Zellen versteckten, oder sich spiegeln in seiner eigenen Gerechtigkeit, Heiligkeit und Weisheit. Sondern er soll herausbrechen und den anderen sagen und predigen, was er kann, und tun, was er in seinem Amt vermag. Denn solche Gaben sind nicht dazu gegeben, dass du damit prangest, stolzierest, dich brüstest und andere verachtest, sondern dass du Gott und den Leuten treulich damit dienst.

Wir lesen und sehen in der Bibel von dem Vorzug und der Herrlichkeit der erstgeborenen Kinder im Gesetz. Sie waren Herren im Hause, mussten Gottes Kinder heißen und Gott geheiligt sein und auch in den Tempel herrlich getragen werden, ganz als wären andere Kinder nicht auch Kinder. Auch hatten sie einen großen Vorteil am Erbe, dass sie zweimal so viel wie die anderen Kinder erbten und die anderen Kinder ihnen untertan sein mussten.

Aber davon wurden sie stolz, und es geschah, dass Kain bald über Abel sein wollte. Denn Kain heißt auch possessio, haereditas oder Erbe. Kain heißt also alles, Abel aber heißt nichts. Kain wird darum stolz, erhebt sich über seinen Bruder und ist ihm Feind. Er lässt es sich dünken, er sei der Erstgeborene, und er meint, er sei Kaiser und Papst zugleich. Und war auch zum Teil die Wahrheit. Denn er war Herr vor den anderen Kindern. Ja, die Erstgeborenen hatten die zwei Herrlichkeiten, dass sie König und Priester zugleich werden konnten, während die anderen nur Hausregenten waren. So war der Erstgeborene auch der Doktor, Lehrer und Prediger des Volkes, ein Regent in der Geistlichkeit. Darum ist Kain so hoch daher gefahren: Ich bin doch Gottes Sohn, und hat darauf sein Opfer erstlich gegründet, als wollte er sagen: Ich soll der Herr sein, Regent und Priester. Darum muss mein Opfer vor Gott gelten und viel besser sein als das Opfer meines Bruders. Ja, wo das seine auch angenehm sein sollte, muss er doch das meine genießen und um desselben willen mitgehen. Fährt auf solchen Trotz fort, und da er sieht, dass Gott sich gnädiglich zu seines Bruders Opfer kehrt, wird er zornig. Er meint, es geschehe ihm Unrecht, und er habe Ursache und Grund gegen ihn. So verfolgt er ihn, bis dass er ihn erwürgt.

Also war Kain zwar der erste Sohn, von Gott selbst gegeben. Aber um seiner Hoffart und seines Trotzes wider seinen Bruder musste er gestürzt und verstoßen werden. Die liebe Mutter Heva war nicht viel mehr als ein halbes oder ganzes Jahr älter als ihr Sohn Kain. Für sie war die Geburt ein trefflich und köstlich Ding und sie hatte Freude an dem erstgeborenen Söhnchen, wie sie sagt (1 Mos 4,1): „Ich habe den Mann, den Herrn selbst." Aber derselbe stolze Mann wurde dann von Gott verstoßen. Kain sollte und wollte seine Rolle spielen. Abel musste Aschenbrödel sein. Aber was geschieht dann? Kain ist stolz auf seine Erstgeburt, verachtet seinen Bruder, trachtet ihm nach Leib und Leben, bis dass er ihn umbringt. So wird er der böseste, ärgste Erzbube, aber Abel, der Letzte, wird der Beste und Erste. Genauso ist es hernach mit Ismael und Isaak, item mit Esau und Jakob gegangen, desgleichen mit David und seinen erstgeborenen Söhnen.

Darum hüte sich ein jeder, du und ich, wenn dir Gott einen Vorteil und Vorzug tut. Dass du ja nicht denkst, du habest es darum, dass du damit prangen und stolzieren sollst, sondern dass du anderen dienst mit deinen Gaben. Denn also sagt Gott: Ich habe dich, Kain, zum ersten Sohn gemacht, nicht dass du deinen Bruder verachten, sondern dass du ihm helfen solltest. Genau so wird er zum Kaiser und anderen Fürsten und Potentaten sagen: Wozu hab ich dir die Gewalt gegeben? Dass du die Frommen und Gottesfürchtigen oder meine christliche Kirche ausrotten sollst? Nein, dazu hab ich dir mein Schwert gegeben, dass du damit die Türken schlagen und von der Christenheit wegtreiben, diese aber beschützen und verteidigen solltest. Item, ich hab dich reich gemacht, nicht dass du es unnütz solltest verbauen, verprassen und verprangen, sondern dass du deinen Landen und Leuten damit helfen und der armen, verlassenen Kirche Schutz und Hilfe gewähren kannst. Darauf du: Gott aber hat mich selbst hervorgezogen und mich über andere gesetzt und geehrt. Ich bin der erste Sohn. Darauf ich: Ei, das gönne ich dir wohl, gebrauch es nur, wie sich's gebührt. Ich hab gesagt, man soll dir folgen, gehorchen, ja dich ernähren und für einen Herrn halten, als einen Kaiser, König oder Fürsten. Das soll also sein – ich will es also haben. Wenn du aber darauf willst pochen und stolzieren, wenn du der christlichen Kirche nicht dienen, sondern arme Leute schinden, schaben, schatzen und plagen willst, so will ich dich Kaiser, König, Fürst oder Herrn stürzen, wie ich andere große Potentaten gestürzt habe.

Das sei davon geredt, dass uns Christus ein Exempel gibt, sein Leib und Leben für uns einsetzt, auf dass er uns helfe und wir auch fortan also gedenken: Hat mein Herr Christus, mein Gott und Schöpfer, mir das getan, hat er sein Blut für mich vergossen, das er zu tun nicht schuldig war. Ich aber soll es tun und bin es zu tun schuldig und will es dennoch nicht tun. Pfui, was für ein Christ bist du! Du bist nicht wert, dass du eine Kuh, ein Esel oder ein Ochse wärest. Denn die unvernünftigen Tiere tun doch, was sie tun sollen. Eine Kuh ist vergleichsweise fromm: Sie frisst nicht selbst die Milch, bringt sich nicht um und frisst auch das Kalb nicht selbst, das sie trägt, sondern sie trägt das Kalb, die Milch, den Käse und die Butter den Menschen zugut. Ist für sich selbst wohl zufrieden, dass man ihr Gras und Futter gibt, damit sie immer mehr könne tragen und geben.

Da lerne also, dich vor der Kuh zu schämen, du unflätige, wilde und unvernünftige Sau, wenn du schon nicht von deinem

Herrn und Heiland lernen willst, wie ein Christ zu leben. Wo wollen doch die Diebe, Mörder, Räuber und Tyrannen bleiben, von denen jetzt die Welt allenthalben voll ist ... Sie sind nicht wert des herrlichen Namens, dass sie Menschen heißen sollen. Sie sind nicht besser denn Teufel. Wohlan, lasst sie getrost reißen, kratzen, scharren, schinden, es wird einmal (für sie) übel enden ...

Auch die Juden halten sich für die erstgeborenen Söhne ..., die Heiden aber für den armen, nichtigen Abel. Und wäre ihnen von Gott wohl gegönnt gewesen, dass sie solchen Vorzug vor uns hätten. Sie aber wollen einen Missbrauch daraus machen und darauf trotzen wider Gott und die Leute und wider Christum, Gottes Sohn, und uns Christen totschlagen. Darum sollen wir ihnen sagen: Es ist wahr, wir haben ja viel Gutes vom Stamm Israel. Wir haben das Gesetz, die Propheten, ja wir haben Christum selbst von ihnen. Denn er ist ja nicht von uns, sondern von den Juden gekommen. Aber ihr Juden wollt euren Bruder Abel morden, der auch zu dem Herrn Christo gehört, und tut gleich wie der leidige Satan. Der wollte sich auch über Gottes Sohn erheben und alle anderen Engel mit Füßen treten, aber es bekam ihm auch übel.

Darum sollen Christen lernen, nicht stolz zu werden oder andere zu verachten, obgleich sie mit großen und hohen Gaben überschüttet wären. Sie sollen vielmehr denken: Lieber Gott, du hast mir viele Gaben geschenkt. Ich will sie anderen mitteilen und jedermann damit dienen, wie mir mein lieber Herr und Heiland mit seinen göttlichen Gaben gedient hat. Wenn wir so täten, dann hätten wir alle Fülle und Überfluss. Da wir es nicht tun, schatzen und scharren wir, und wuchert einer viel tausend Gulden, so lang, bis es durch Gottes Strafe zerstört wird und zerrinnt, wie es gewonnen ist. Denn wo man es nicht also will gebrauchen, wie es Gott befohlen und dazu er es gegeben hat, muss alles zu wenig werden, Korn, Geld und Holz. Und wenn gleich alles voller Korn, Geld und Gold flösse, so würde es dir doch nicht helfen, solange der Geiz nicht aufhört, der allein alles zu sich kaufen, reißen, kratzen und schatzen will. Item, so der Rost und Geldfraß (der da Wucher heißt) dreinkommt und nicht aufhört, wird es doch dir und deinen Kindern nicht gedeihen, ob dir auch alle Bäume Gold und alle Äcker hundertfältig Korn trügen.

Das sei kurz von dem Exempel Christi gesagt: Ein Christ soll sich also finden lassen, dass er sich gegen seinen Nächsten erzeige und halte, wie sich Christus gegen uns erzeigt hat. Sonst ist alles vergebens und falsch, was du von Christo und dem Evangelio rühmest.

WA 51,163ff

Anhang

Was Gott schickt ...

Über Matthäus 1,18 – *Weihnachts-Vigil 1540*

Hoc est illud festum, in quo solemus celebrare den feinen, seligen artickel nostrae fidei, quod dominus noster Ihesus Christus conceptus ex spiritu sancto, natus ex Maria Virgine verus homo. Sepe hoc audistis, quod ad Christianam fidem intelligendam attinet, ut hanc personam bene noscat, quae vocatur Christus, in quo baptisati etc, ut indubitanter credamus eam personam verum deum et hominem, non duas personas in Christo, sed unam personam etc. Is est articulus, daran sich totus mundus geergert hat et iam et usque ad finem mundi. Evangelista S. Mattheus hat vorhergeschrieben, quod Christus sol komen vom stamm Abrahae et David, und hat die glied erzelet usque ad Ioseph, qui Mariam hat zur Ehe genomen, hatten noch nicht hochzeit gehabt etc. Cum ergo scripsit Ioseph esse maritum, virum Mariae, Mattheus usus his verbis, quibus alioqui scriptura non solet uti, de qua natus est. Alioqui dicitur, de quo etc. Sed hic dat filium matri et tamen dicit esse uxorem etc. In Mose ubi desponsa sponsa, statim dicitur uxor. Cum ergo hoc dixit Matheus, voluit libenter einpredigen Iudeis, ne dominum negligerent, streicht ers weiter aus, quomodo ipsa sit Ehefraw et habuerit maritum, et tamen dicitur tantum matris filius, cum alioqui in scriptura sancta dicitur, Er sey dem Man und weib geborn. Ideo exponit se. Sic habet: sie hat nicht Joseph hunc filium bracht, sed sibiipsi, licet Ioseph sit eius Eheman etc. So giengs zu. Als sie im so vertrawet ward, ehe sie zu hause sassen, da sie noch Jungfraw war, nisi quod verlobnis gehabt etc erfands sichs, quod gravida. Hic diserte indicatur, quod Ihesus non sit Ioseph filius, nisi quod sit Mariae maritus, et tamen iam invenit gravidam, antequam convenirent, sed non a se aut alio, sed spiritu sancto. Hoc ipse non videt. Sed comperit tantum eam esse gravidam, sed nesciebat unde. Angelus de celo revelat postea. Haec ideo scribuntur, ut puerum Messiam non negligerent Iudei, sed scirent illum esse, qui natus ex virgine maria. Sic Mathaeus vult praedicare Christum verum hominem, ut Iohannes verum deum. Sic gehets zu: Joseph hatte eine Braud, quae gieng schwanger, antequam convenirent. Ideo describitur, ut Ioseph sit testis coram toto mundo, quod mater gravida umb des Sons, Muter und unsers glaubens willen geschrieben, quod natus ex virgine, hoc mus Joseph ipse testari, qui das beste recht zu ir hatte.

Quid cogitat Ioseph? Nescit eam gravidam e spiritu nec erat gewonet nec ullus homo, quia erat contra cursum naturae, quae dicit Masculum et feminam etc. Ideo habet magnam occasionem ad mirandum. Procul dubio cogitavit: Wie gehet das imer mher zu? Scio mihi desponsam. Unde ergo venit iste infans? Nemo invenitur tam sanctus homo, cui non veniunt in mentem malae cogitationes. Abfuit Maria 3 menses apud Elizabeth. Imo totus mundus ei zufelle et diceret: Es ghet nicht recht zu, habet pro se scripturam et mundi testimonium, quod virgo non sit gravida. Ideo habet gut recht et concludit: Sie hats versehen. Ich wil ir nicht. Sed thut ir unrecht, sed tamen sic, quod für Got und welt recht behelt, quia deus aliter ordinavit et creavit etc. Sed Euangelista clare vult inculcare, quod Christus verus homo, natus ex virgine, dicit: war from, nicht ein boser mensch. Non poterat vincere iuditium totius mundi et sacrae scripturae. Non afficiam ignominia, deseram eam nicht, mit recht potuisset ad iudices ire Nazareth et dicere: Ista mihi desponsa, quam habui 3 menses, et iam gravida. Bitte umb ein urteil, ut fiat repudium etc. das hette er mit allem recht kunnen thun, quia in lege, etiam post legem: Non inventa pura must sie sterben. War ein ehebrecherin, quia desponsa. Cogitavit: solt ichs offentlich in iure vel coram amicis furnemen und zum tod bringen vel zu schanden gemacht? Ideo wil er den schaden auff sich nemen et cogitavit: Ich wils weder fur Gericht noch fur freunden furnemen et nec an ehr nec leben schaden thun. Est sane, habeam nomen, quod sim pater. Haec ideo scripta, ut inveniatur, quod mater Christi sit vera virgo. Ipse Ioseph ex lege cogitavit Mariam esse ehebrecherin, etiam cum me talem reputet. Non potest aliter etc. Die schande mus sie tragen und stille schweigen.

Si etiam centies iurasset, non credidisset. Unius testimonium non valet, praesertim in tali causa, ubi rea dat testimonium de se. Laeta quidem est Maria, quod mater dei est et quod concepit e spiritu sancto. Sed coram mundo et marito Ioseph in suspitione. Imo oportet timeat, ne manifeste confundatur et privatim coram Ioseph. Sic setzt suam matrem in schande, quia scriptura eam indicat ein Ehebrecherin, et in ferlichkeit non solum der virginitatis, sed etiam schleier. Non fuit lapis, lignum.

Sed spiritus sanctus eam confortavit, ut cogitaret: Scio me non ream. Mir geschieht unrecht, et tamen Ioseph. Ideo cogitavit: Deus conservabit utrumque honorem jungfrewlich und ehelich et vitam, et habet protectorem Ioseph suum et Christi. Si Ioseph dicit: es gehet recht zu, mea est uxor, sic hat das kind und die mutter protectorem, sed maneat occultum, mihi revelatum etc. Omnia propter nos scripta, quia Ioseph mortuus, ne faciamus matrem immundam, ut Iudaei, Turcae dicunt non mirum esse, quod virgo gravida sit. Ergo machen sie so viel jungfrawen, quod illa sola non manet. Omnia ideo, ut filius dei sine peccato originali conciperetur, nasceretur et ne unius peccati reus nec peccati, mortis. Et tamen ist er propter nos aller sunden schuldig geworden. Purus sine peccato fert peccatum et mortem vincit. Ideo describitur, quod natus ex virgine, nec tantum sic, quia Maria ist auch nicht zu rein, quia nata a parentibus in peccato ut alii homines. Sed additur: ‚ex spiritu sancto'. Da ist kein Man nec tamen ipsa sola. Sed spiritus sanctus ibi operatus, hat genommen von irem blut und fleisch, ut vere conciperetur, nasceretur homo.

Invenit eam gravidam quidem, sed nihil de spiritu sancto scivit. Cum ergo voluit deserere und frisst sich mit den dancken. Apparuit illi angelus in somniis etc. ‚Ne timeas' q. d. Est tua coniux, halt mit ir hochzeit und setze dich zu hause ut alii, las dir nicht grawen, quasi sol unrecht zugehen, las essen, trincken, frolich sein ut alios, so habe du auch hochzeit mit ir, solt dich neeren und bey ir wonen ut alius maritus. Ursach ea est: ‚Quod natum'. Ibi audit: kere dich nicht dran, quod gravida. Est pura virgo et purior, antequam tibi desponsaretur. Et tamen mater est. Spiritus sanctus in ea operatur, qui dazu genomen, was dienet zu einer frucht, ut is foetus sol sein Gottes Son. Ich meine, du habst ja eine reine braut. Ibi septuplex puritas in 100,10000 unmeslicher reinigkeit super omnes puritates virginum, quia spiritus sanctus eam purificavit et dignam fecit, ut suo caro et sanguis sol dei filio ein menscheit geben. Et non solum dicam, wer sie geschwengert, nempe spiritus sanctus, qui cum deo patre creavit omnia. ‚Et ipse sol heissen Ihesus' (Mt 1, 21). Ego impono tibi offitium et patris offitium. Pariet quidem filium. Du solt als ein vater in nennen Ihesum. Tribuit ergo ei paternum offitium über Gottes Son. Er sol sie halten fur sein weib, et quisque dicere debet, quod Ihesus sit Ioseph filius. Et ipse Ioseph dedit ei nomen ut pater, ut Zacharias indidit filio nomen Iohannes. Et tamen ita fit, quod deus non vult offenbart sein mundo. Sed Ioseph wird der heimlich rat vertraut, sed etiam quod legalis pater est, quanquam schier mher, weil im die Braut vertraut ist, quod vocatur pater domini nostri Ihesu Christi. ,ideo quia salvabit populum'. (Mt 1,21): qui hilfft, rettet. Ideo vocabis Ihesum, quia populum suum salvabit. Das ist die predigt, quam nunc non possumus pro dignitate tractare. Ibi gepreiset coram deo et angelis, quod Ioseph est pater. Nemo adhibetur in istud occultum consilium nisi Ioseph, mater, deus, trinitas, angeli. Ioseph est in hohen ehren coram deo, cui committitur dei filius et eius mater. Sic Ioseph est ein zimermann, helt sich ut alius civis und hellt das thun alles heimlich verborgen. Sed nobis scriptum, ut sciamus Christum venisse et matrem esse virginem, doch unter dem schleier her, et tamen virgo ante et post partum. Sic oramus: Natus ex Maria virgine, ut impleretur promissio facta Davidi et Abrahae et deinde sine peccato nasceretur, non vulgari modo totius mundi.

Is articulus impugnatur perpetuo. Nemlich ist einer hie, qui dicit Christum penetrasse Mariam ut sol vitrum. Volunt eam facere ein Roren, davon Christus herkomen sey. Vere est de stam Abrahae, David, non est hergeflossen von Maria, hab nichts von ir gebracht. Sed dei filius blos in seiner Gotlichen natur hat sich gesenckt in virginis uterum et ibi blieben und hab mit sich genommen aliquid de eius carne et sanguine.

Haec purificavit und hat sich 9 monden lassen tragen ut alius infans.

Ut vere sit et dicatur virginis filius. Oportet habeat nostram carnem et sanguinem, nisi quod mundatum, ut carnem carne liberet. Alioqui sumus damnati. Wo nicht, hilfft er uns gar nicht. Er sol heissen Salvator omnium peccatorum. Hoc Euangelium multis verbis significavit, quod verus Messias venit et natus ex virgine pura. Et habe sich wunderlich zutragen, das Joseph sey irr worden et ab angelo admonitus etc.

Im 2.3. glied haben sie sich verheiratet. Sie werden zwei brüder kinder sind gewesen.

Nu furet er den spruch ein, quod Schrift hats so wolt haben, quod Mater solt Jungfraw sein. Sic deus posuit, quod nulla virgo sol ein kind tragen. Si autem naturaliter zugehet, requiritur pater, mater. Sed Esaias (Jes 7,14) sagt ein new newes: ‚Ecce virgo concipiet'. Das furet Euangelista ein ad confirmandum articulum, quod Maria sit virgo. So musts gehen, Inquit, quia Esaias inquit, quia non vultis credere, et dabit deus vobis signum: ‚Ecce virgo praegnans'. Das ist kein Zeichen nicht, wens gehet nach der schepffung. Deus creavit masculum et feminam et dixit: ‚Crescite'. Das ist communis cursus. Ergo non signum est. Sed es soll mit der Mutter ein sonderlich wunder sein. Ideo non est signum, quando dicitur: ein virgo wird ein kind kriegen uber ein jar. Non est signum. Sed virgo est gravida, das ist signum, sed mirum. Ja es sol ein wunderlich ding sein. Sihe, dort sihe ein Jungfraw und est schwanger. Quomodo? si virgo, non est gravida. Es sol ein Zeichen sein nobis credentibus in salutem, Iudaeis in scandalum etc. Iudaeum verdreust nichts hohers, quam si dicimus Mariam virginem et matrem: statim expuit. Nos fatemur, quod sit ex Iudaeis, ex stam Davidis. Solten wir gentes druber ausspeien? Sie sind Christi vettern, freunde, quod nos loben, preisen, hoc speien sie an. Das heisst anlauffen. Euangelista proponit scripturam, ut diligenter inspiciant. Ipsi indurati et nolunt audire. Qui veritatem non vult audire, audiat mendacium ... Wer Gott nicht wil horen reden, audiat diabolum. Sind erseufft in talibus convitiis, ut mirer. Si non haberent Iudei aliam hell, quam quod spoliati veritate et nativitate Christi, ist helle uber helle etc. und dem so gifftig bitter sein contra beatam.

Econtra si uns zuhertzen gieng et dicere possemus ex animo: Mater peperit filium mihi, qui tritt in meam carnem et sanguinem, suscipit omnia peccata mea et absorbet in seipso, essem in paradiso. Et Petrus (1 Petr 1,12) hoc maximum futurum gaudium, in quod angeli desiderant. Die kunnen sichs nicht saat sehen fur freuden. Sic si nos faceremus, certo persuasi etc. Sed contra hoc agit diabolus per carnem, ut non sit conscientia laeta, non plus discit quam Diabolus, quod virgo peperit, quae puerum peperit et nomen eius Emmanuel. Das heisst nicht frolich werden ex ista nativitate. Sed quod deus mittit ex paterno corde filium und legt in matri in sinum, is te liberabit a morte, peccato et donabit vitam, ut in eternum vivas cum eo? Omnia gaudia vitae nihil ad hoc spirituale gaudium. Sed per hoc videmus, quod non credamus, thun nicht mehr, denn das wir eine historien draus machen, ut diabolus, Turca: Maria peperit filium, qui est dei filius, et mansit virgo. Sed hoc non solum, quod mater virgo est et tulerit ein rein kind. Sed ich gehor auch ins spiel, quia all mein sund, hertzleid, trubsal, leiblich, geistlich, sol im auff seim hals liegen etc ...

WA 49, 171ff

Zusammenfassung

Luther geht aus von der Feststellung, dass der Evangelist Matthäus in seinem Stammbaum Jesu (Mt 1,16) zwar mit Joseph, dem „Ehemann Mariens", endet, dass er dabei aber eine Redewendung wählt, aus der hervorgeht, dass Joseph nicht der natürliche Vater Jesu war. Luther beschreibt die menschliche Situation Josephs ganz realistisch: Er hat Maria zur Frau genommen und muss nun, bevor er ihr beigewohnt hat und ohne vom Geheimnis dieser Empfängnis zu wissen, erfahren, dass seine Frau schon schwanger ist. Was denkt Joseph über die fatale Neuigkeit, und wie reagiert er? Luther schildert ganz konkret die peinlichen und notvollen Fragen, die Joseph sich menschlich wohl oder übel stellten musste. Er spricht auch von der Möglichkeit einer Scheidung nach jüdischem Gesetz, auf die Joseph ein Recht gehabt hätte, selbst wenn Maria in diesem Fall als Ehebrecherin die vorgesehene Todesstrafe der Steinigung hätte erleiden müssen. Aber Joseph kann sich zu diesem folgenreichen Entschluss nicht durchringen. Um seiner Frau Schande und Tod zu ersparen, will er die Ehebrecherin im Geheimen entlassen und als Vater eines Sohnes gelten, den er nicht gezeugt hatte. Luther lässt aber auch Maria darüber nachdenken, welches Opfer sie Joseph zumutet. Die unerträgliche Spannung löst sich erst, als Joseph nach seiner Entscheidung vom Engel die ganze Wahrheit erfährt.

Unser rechter Gottesdienst

Über Römer 12,1ff – *1. Sonntag nach*
Epiphanias 1541

Cur ista Epistola hodierna die legatur und wie sie sich cum Euangelio (Lk 2f) reime, wollen wir sparen und die zeit unnutzlich nicht verlieren. Ist ein edler, schoner Text. Totum caput istud solet proponi istis, qui Christiani et assecuti misericordiam per filium dei, qui norunt nunc, quomodo credere, vivere debeant et quid expectandum post hanc vitam. Et tamen hic vivendum in mundo sub diabolo et in peccatrice carne. Istis praedicat et dicit, ut memores sint an die barmhertzigkeit, quam erlangt ex mera gratia sine meritis, et quod liberati per Christum ex peccato, morte. Ideo sollen sich lassen ermanen. Ibi non praecepto opus, sed adhortationem facit, ut quisque cogitet, quid ei acciderit, was Gott an (sie) gewand habe, sol gratiam et misericordiam sich lassen bewegen, ut deo deinceps gehorsam were und thet, quod placitum, sequeretur dei voluntatem. Certe qui non moventur inenarrabili misericordia, ut williglich gehorsam sein, die mag man sub lege imer hin lassen stecken bleiben, faren doch zum Teuffel zu.

Cum ita sit, quod Seligkeit erlanget habt und seid erloset, et in regno gratiae, misericordiae, vos obsecro, ir wolt dran gedencken, et propter illam wolt so thun, ut folget Gottes willen, ut sitis grati huic gratiae et misericordiae, ne sit inefficax. Terribile, si istam amitteremus, melius, si nunquam hetten erlangt. Ideo admoneo vos propter dei misericordiam, ut etc. 1.

sols das sein. Ir solt ewer leichnam, fleisch und blut, et quidquid habetis secundum veterem hominem, zu eim opffer machen et talem hostiam, quae sit viva, beneplacens. Das sey hinfort ewer Gottesdienst i. e. Christlicher Gottdienst … Da solt ihr pfaffen sein et deo servire. Sepe audistis: Got und volck gehoret zusamen ut Man und weib. Non est Eheman, nisi habeat coniugem. Nemo pater sine filio, econtra. Sic non heisst Gott, nisi habeat populum. Alioquin Adonai, nisi relative, nisi habeat populum. Omnes populi suos habent deos. Israel habet verum, et econtra. Cum ergo populus non sit sine deo, et vos iam dei populus estis et deus vester deus, so gedenckt, das ir auch ein cultum habt, und er wirds euch lohnen. Er lesst im umbsonst nicht dienen. Er hat sich zuvor erzeigt, quod sitis populus suus, quia vobis gnade, barmhertzigkeit, redemptionem a peccato, morte, lege donavit, etiam hanc leben, letitiam. Hoc fecit alls ein fromer, barmhertziger, gnediger Gott. Nu dienet im wieder, non, quod ei ab solt keuffen ut Monachi in cenobiis. Est gratia, quam dedit gratis, et dicit: cum tibi servivi, diene mir auch, cum omnia primus ex mera gratia tibi dedi, ideo sol ich im wider dienen und mich hallten als subditus dei, qui me obruit omni genere beneficiorum. Ideo mussen wir alle pfaffen werden. Christus ist ein grosser weihe bischoff, weihet totum mundum zw pfaffen.

Omnes Christiani, qui acceperunt istam gratiam, sollen gedencken, quod sint pfaffen et in sacerdotali statu. Sed non sollen solche platten, kappen tragen ut illi in papatu. Er scheret inen ein ander platten und pflegt inen ein ander Cappen anzuziehen, ut in sequentibus cernere est, hette ein gantz jar dran zu predigen. Primum sit ante omnia: Ir must pfaffen sein. In veteri Testamente warens fleischer non vom handwerck, sed in der that, wenn sie solten opffern in sabbato, musten fertig sein, das sie das handwerck wol kunden, schinden und zwteilen, die Scheps (= Schafe) zulegen, böcke, kelber, Ochsen schlachten, vergossen blut und branten in altari deo und opfferten. Hoc illorum officium. Das solt ir nu nicht thun. Non volo vos sacerdotes tales esse, qui creditis, lassts gehen. Nec so schlachts ut gentiles et papa, qui Messe macht. Sed indicabo, quales ochsen, scheps solt schlachten. Es ist nur ein kalbe, bock, zieg, den ir schlachten solt: Ewer eigen leib. Ich wil euch nicht fern heissen gehen, ut fern holet hostiam ut unkost drauff wendet und tewr keuffet, sed auff nechst findestus etc. habes corpus, habes aures, oculos, membra, fleisch und blut, den leichnam soltu schlachten. Das sol dein opffer sein, daruber soltu priester sein, ut werdest ein priester, pfaff uber dich selbs. ,Begebet vestra corpora unserm Herrn Gott.' Et das sol sein ewer Christlicher gottdienst, lasst Iudaeis corporalem cultum, gentibus unverstendlich etc. Ibi sind wir omnes pfaffen geweihet. Non solum, qui praedicamus, sed vos, qui auditores et discipuli estis, nisi quod nos inceptores. Quomodo possum sacrificare corpus? Num ita ut heretici, qui seipsos praecipitaverunt e rupibus, in mare demerserunt. Tamen certa hostia mactanda? Bene, es sol ein vernunfftig opffer sein. Non occidendum corpus. Idem est offerre et mactare. Quomodo ergo sol treffen? sol in nicht tödten et tamen wurgen etc. Postea exponit se apostolus per totum caput. Vos debetis vivam offerre hostiam. Ita offerte corpus, ut vivum sinatis. Non vult, ut corpus occidamus, ut non Monachi fecimus et ego praecipue, qui putabamus, man muste so friern, hungern, dursten, donec confectum corpus ... Sed hoc opffer, da ich von sage, das hat ein verstand. Es solt ein vernunfftiger verstand drinn gesucht werden, quando dico: Ir solt euch verbrennen etc ... Sic ergo solt ir nu corpus opffern und zwingen, das er Got diene ... Got wil den corpus haben, ut omnibus membris et krefften corporis et animae ei servias et mundo moriaris. Weiter deutet er sich. Sic mutato corpus, ut sit sanctum. Ibi audis discrimen. Unvernunfftig todten ist, ut si vacca mactetur. Sed vernunfftiglich todten ist, ut mactes corpus, ut fiat sanctum. Hoc non fit uno die et una hora, Sed dies, noctes semper, sive vigiles, dormias, coquas, ut semper incedas in ornatu sacerdotali, ut corpus sit hostia i. e. opere, in quo servis deo ... Das heist aber heilig, quod non unheilig. Sic debet corpus mactari: wenn er wil unkeuscheit treiben, soltu unkeuscheit todten. Sic debes corpus occidere, ut non sit libidinosum, geitzig sey etc. Sed schlahe den geitz, unzucht etc tod, ut ordine in textu recensebit. Indicabit quod sanctum quod prophanum, et induet Paulus sanctas vestes et albam. Ein unschuldig corpus solt haben und weisz alben, die roten kasel, quae libenter servit. Item ut kein hindernis sey ad orandum zu Gott ... Quando rusticus venit et hat eier feil, cogitet: Ego sum Christianus, ich gedencke an meine Tauffe, die mihi contigit. Ich wil corpus offerre, non proximo nimis magno pretio mercem meam vendam. Sic crucifigam te, carnem. So sollen thun alle handwercksleute. Gedencke an die Tauff, quae tibi contigit, illa admonet, ut me mactem etc per hanc offero sanctam hostiam. Ist das nicht ein leichter opffern und gütige vermanung? kostet uns nicht, dürffen nicht fern lauffen ... Non opus, ut Romam eatis, suchet ablas brieve etc. In corpore proprio habetis cultum verum. Ibi potestis esse ornatissimi sacerdotes mit seiden, Edel steinen etc. Was wollt ihr mher? Nihil quaerit a vobis deus, nisi ut vivi et sancti heilige sitis ...

Das sey ewr priesterlicher, Christlicher Gottesdienst. Iudaei externe sacrificabant pecora in vestibus kostlich. Das ist ein unvernunfftiger, grober, vihischer Gottesdienst, quia lassen sticken den stinkenden bock, iren eigenen leib, externe culti et ornati veste, auro, intus impii hypocritae, avari etc et deinde quaerunt iren eigenen nutz, ut deus eis remunerat. Das ist, als zöge ich ein saw an mit köstlichem kleid und kleinoten. Sed vos solt recht priester sein, qui das rechte schweinen fleisch angreiffen i. e. corpus vestrum hoc gedancken, ut nihil quaeratis, quam ut deo grati.

WA 49, 211ff

Zusammenfassung

Die Frage, wie sich die heutige Epistel (Röm 12,1ff) mit dem Evangelium (Lk 2f) zusammenreimt, lässt Luther als nutzlos und zeitraubend beiseite. Er konzentriert sich ganz auf den edlen und schönen Text des Römerbriefs, nach dem wir unsere Leiber zum lebendigen, heiligen und Gott wohlgefälligen Opfer im Sinne eines „vernünftigen Gottesdienstes" hinzugeben haben. Durch dieses Opfer des eigenen Leibes sind wir alle Priester und Pfaffen. Christus selbst ist der große Weihebischof, der alle Welt zu Pfaffen weiht. Damit begründet Luther wiederum die Selbsthingabe des Christen im Kontext eines priesterlichen Opfers und knüpft so an Gedanken an, die er mit der Bestreitung des Opfercharakters der Messe eigentlich für immer aufgegeben zu haben schien.

topos taschenbücher

Christa Spilling-Nöker

Wenn ein Licht vom Himmel fällt

Geschichten und Gedanken zur Advents- und Weihnachtszeit

104 Seiten

Band 897
ISBN 978-3-8367-0897-5

www.topos-taschenbuecher.de